读懂孩子的心

樊登 著

中国友谊出版公司

图书在版编目（CIP）数据

读懂孩子的心 / 樊登著 .—北京：中国友谊出版公司，2019.1（2020.2 重印）
ISBN 978-7-5057-4305-2

Ⅰ. ①读… Ⅱ. ①樊… Ⅲ. ①家庭教育—教育心理学 Ⅳ. ① G78

中国版本图书馆 CIP 数据核字（2019）第 000420 号

书名 读懂孩子的心
作者 樊 登
出版 中国友谊出版公司
发行 中国友谊出版公司
经销 新华书店
印刷 河北鹏润印刷有限公司
规格 700×990 毫米 16 开
19 印张 220 千字
版次 2019 年 3 月第 1 版
印次 2020 年 2 月第 12 次印刷
书号 ISBN 978-7-5057-4305-2
定价 56.00 元
地址 北京市朝阳区西坝河南里 17 号楼
邮编 100028
电话 （010）64678009

自序

别以教育的名义伤害孩子

我有个朋友是一位知性、优雅的女士，平时聊天温文尔雅，对艺术、设计和哲学都有所涉猎，看起来应该是没有烦恼的中产阶级。但有一天，她突然在微信群里求救，说辅导孩子写作业气得心脏已经不好了。她忍不住发脾气，孩子哭，老公生气，她自己也难过。她说："家教类的书也没少看，为什么一到辅导作业就不行了呢？"我问她："是不是父母在学习方面对你非常严厉？"她说："是啊，我爸爸那时候很凶，也经常把我骂哭。"我说："所以，你明白了吗？孩子没有学会知识，更需要冷静和好奇地探索。有个人在旁边不停地施加压力，根本就是'猪队友'嘛！孩子

80% 的精力都用来对付父母的坏脾气了，整天担心被父母骂，怎么可能专心学习？再这样骂下去，恐怕她这辈子数学都学不好了。你想想，你刚学开车的时候，旁边有个人一直骂你，你能学好吗？”“可是，”她说，“我为什么就是忍不住发火呢？明显有一股无名火在向上蹿，按不住啊！”“知道卡尔·古斯塔夫·荣格吗？”我说，“荣格说当你的潜意识无法进入你的意识时，它就是你的命运！这个世界上不存在无缘无故的事情，当你认为那是没办法的无名火时，正是你的潜意识在控制你。我知道你的父母一定对你很凶，所以当你情景再现，看到孩子学习困难时，当时的痛苦、屈辱和愤怒就都涌现出来了。而这次，你不想再做个受害者。你希望让人知道这不是你的错。所以，你会说‘我跟你讲过多少次了’‘你为什么总是记不住’这样的话。这些话只有一个目的，就是推卸责任、划清界限！因为你还是当年那个没有长大的 8 岁小女孩！”

我想这不是我这个朋友一个人的故事，几乎在每一个家长群里，每天都在上演着和孩子相爱相杀的故事。家长们很委屈、很无助，但是绝不放弃继续用错误的方法“帮孩子养成好习惯”。孩子们很可怜，但他们在不断地适应这些奇怪的家长。适应的方式就是“成为考试机器”“在内心排斥学习”“长大后成为一个平庸的人”。是的，这是孩子对我们的报复，用他们一生的平庸和没有安全感，向父母们证明——你们当年错了！你可以让我考上大学，但你无法让我爱上探索；你可以让我出国留学，但你无法让我为自己负责；你可以让我找个对象，但你无法让我享受生活。

人是群居动物，所以当你看到周围的人都在做一件事的时候，你如果不做，是会很恐慌的。有时，即便明知道是错的，也不得不尝试一下。很多家长可以扛到幼儿园毕业，不给孩子报幼小衔接什么的。但是，到了一年级，家长群里开始团购各种课程的时候，他们就不淡定了，尤其是有人说："一年级的时候很关键，最重要的是帮孩子养成良好的学习习惯！"养成的办法是："陪他写作业！"我真的不知道这些流行的、带来焦虑的错误方法是谁总结出来的，他读了哪本书，有什么理论依据。当家长因为太喜欢参与而陪孩子写作业的时候，孩子的习惯真的就养成了，只不过这个习惯是"写作业需要家长陪"！

教育孩子是一个复杂的体系，而不是由一个又一个年级、一门又一门功课组成的简单体系。而现在教育出现的问题就是把复杂系统的问题用简单系统的方法解决。如果认为一个孩子既要语文好、数学好、英语好、计算机好，又要跳绳好，那么你很有可能获得一个疯了的高考状元。孩子不是用各门功课的成绩拼凑出来的，孩子是一个生命体！这个生命体有他的思维方式，有他的判断标准，有他的梦想和追求。这些东西如果有了，并且也是健康的，他为什么会不愿意学习语文、数学、英语、跳大绳呢？而且，他总有一天要离开学校，离开排名和成绩。没有这些内在动力，你怎么保证他不会混吃等死过日子？

原因是，家长们大都太懒了。他们更愿意学习和理解能够看到并且熟悉的东西：考试和竞争。你告诉家长要学习“复杂”体系，学会情感引导，学会发掘和面对自己的潜意识……大多数人会望而却步。很多人宁肯选择“反正我尽到父母的责任了”，那么父母尽到了教育孩子的责任，还是尽到了伤害孩子的责任？父母是最爱孩子的人，但同时也是对孩子伤害最大的人。历来如此。唯一的破解之道，是父母成为终身学习者。教育方法没有一劳永逸的，父母需要不断地学习、不断地进步。在这个过程中，父母向孩子展示出了自己的决心和学习的乐趣。父母的自尊水平上升，就不容易拿孩子出气，进而孩子的自尊水平提升，就会有更好的自律水平。一个家就是这样从恶性循环进入良性循环的。我们见过太多这样的案例，所以，要有信心。

曾经有一个太原的书友告诉我，有一天早上，她开车送孩子上学。路上车里播放着我讲的《你就是孩子最好的玩具》。这时，6 岁的小男孩要求妈妈靠边停车。妈妈以为出了什么事，赶紧找地儿停了。孩子从后排爬过来，搂着她亲了一下，说：“妈妈，幸亏你加入了樊登读书！”这位书友跟我说这件事时眼里含着泪光，就像我此刻跟你诉说一样。

CHAPTER 1

第一章 无条件的爱的力量

目录
CONTENTS

CHAPTER 2

第二章

与孩子一起成长

目录
CONTENTS

CHAPTER 3

第 三 章

亲子沟通的方法与训练

目录

CONTENTS

CHAPTER 1

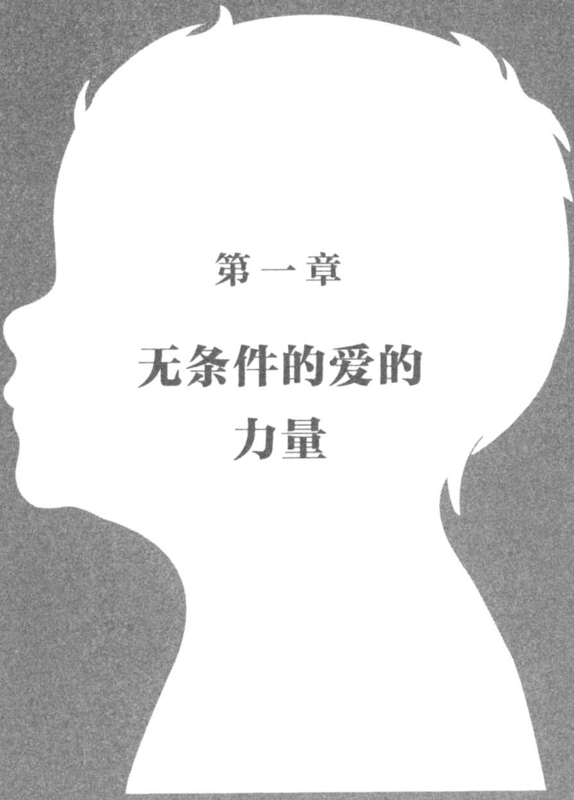

第一章

无条件的爱的力量

童年的秘密：孩子成长的规律到底是什么

《童年的秘密》的作者是大名鼎鼎的蒙台梭利。联合国教科文组织评价蒙台梭利是教育和世界和平的伟大象征。她在 1949 年、1950 年、1951 年三次被提名诺贝尔和平奖。

1907 年 1 月 6 日，蒙台梭利在罗马建立了第一个儿童之家，招收孤儿和穷人家的孩子。她和修女们一起给孩子们上课。后来，人们发现儿童之家培养出来的孩子，从贫寒儿童成为一个个聪明、自信、有教养的少年英才，便开始思考和研究蒙台梭利的教育方法。

现在，蒙氏教育的幼儿园不断地蓬勃发展，但我觉得我们对真正的蒙氏教育到底是什么，了解得还太少。

《童年的秘密》是一个重要的窗口，让人深刻地理解成人和孩子之间的不同。

尊重孩子的本能

《童年的秘密》的核心观念是我们要尊重孩子的本能：所有的新生儿都有一个预定的心理机能，就像蜜蜂一出生就知道自己该怎样去成长。婴儿虽然没有蜜蜂的存活能力那么强，但是也有自己去成长的生存本能。他们通过自己的方法不断地学习和实践，探索这个世界。

很多家长做的事恰恰是阻碍孩子去探索。比如说，很多小孩儿一出生，就被裹成一个紧紧的蜡烛包。想想看，孩子在母亲的子宫里是多么舒服的状态，是可以动的、温暖的、舒适的。很多人说孩子没有感觉，不会反抗，但孩子被僵硬地裹起来的时候，他的学习已经被阻断了。还有人会把孩子抱起来，一会儿横着抱，一会儿竖着抱。蒙台梭利认为，成人必须不再把儿童看作一个物品，当他幼小时，把他当作一件东西提起来并拎东拎西。

有一个说法是，一个孩子在 3 岁前所学到的信息量是今后人生的总和。这是一个不可思议的数字，但 3 岁前的孩子的确学会了说话，学会了察言观色，学会了看人际关系，学会了分辨秩序，学会了识别颜色……这个信息量是巨大的。其实，一个小孩儿能让自己的手指协调起来，准确地抓到东西，准确地塞到嘴里，就是非常大的工作量。

大人的学习能力跟孩子比起来相差太远了，大人不能用自己成长的速度来想象孩子的成长速度，甚至有时候大人“刻意地教”远不如孩子“自发地学”来得快。

每个孩子都有自己成长的本能，如果能够以尊重孩子的成长本能为基础来培养他，孩子就能成为一个正常人。蒙台梭利所认为的正常孩子是：智慧早熟、已学会克制自我、平静地生活，以及宁可有秩序地工作而不愿无所事事。

看一下我们身边的人，我们自己甚至都算不上蒙台梭利所说的正常的孩子。我们拿起手机就放不下，每天患得患失，挣钱的时候想休息，休息的时候想挣钱，常在内疚感和自负之间不断地徘徊。很多人的心理没那么正常，也没有向我们天性所在的方向发展。

蒙氏教育的体系里认为，孩子在 6 岁以前主要有四个特别重要的特征。

第一个是敏感期。

比如说，蝴蝶的幼虫是通过对光线的感应来判断哪个地方有树叶可以吃。不用教它们，它们会朝着有光的地方爬，去吃叶子。虫子大了，到了它能够找到叶子的时候，对光线的敏感性就消失了。

蒙台梭利举了一个例子：孩子嗷嗷待哺的时候，在伸手乱抓的时候，在各种摸索的时候，都有他的敏感性。他用这种方式学习探索世界。大人会认为很无趣，觉得这个孩子怎么老重复做那么奇怪的事，其实他是在学习，甚至他什么都要用嘴尝一下，就是为了感知他没有见过的东西。

这个敏感性过一段时间就没有了，他不会再用这个方法去探索世界了。但是，如果你阻止他，敏感期一过，他的学习能力就会下降。

第二个是孩子会特别重视外部的秩序。

嘟嘟小时候很重视外部秩序，他放任何东西，都会按照原来他看到的样子摆好。连家里来了很多人的拖鞋，他都要按照他的方式摆整齐。

书里讲到一个小女孩莫名其妙地哭，家人发现小女孩老盯着桌上的伞。原来是有一个客人来了，把一把伞放在了桌上，小女孩觉得不对，一直哭。后来，他们把伞拿开，放到了别的地方，桌子恢复了原来的秩序，孩子就不哭了。小孩儿天生对秩序有敏感性。

第三个叫“内部定向”。

孩子对自己的身体也会有秩序感，他会要求自己的身体也要符合一定的规律。这个过程中，他就在摸索、协调。有一个孩子，保姆给他洗澡，他每天都很开心，每天洗澡都没有问题。结果，有一天换了一个新保姆给他洗澡，他变得不安和绝望。后来才知道，第一位保姆的动作是右手托着孩子的脑袋，左手给孩子洗澡，另一位保姆则恰恰相反。

最后一个，就是孩子的智力发展是通过自己来完成的。

一个出生只有 4 个星期的婴儿，看到爸爸和叔叔同时出现在自己面前，孩子呆住了。叔叔跟爸爸长相相近，孩子不知道该怎么办了。后来，只要在孩子的视线范围内，他俩一直分开，一个到左边，一个到右边。终于等孩子慢慢发现了原因，开始认识到原来这是两个人时，他才宽慰。

大人在孩子探索时要有耐心，我们没有必要非要告诉他这个是叔叔，这个是爸爸，他自己会慢慢地发现。当他露出会心微笑的那一刻，他才真的把这个东西掌握、学会了。

理解了孩子的这些心理特征，我们就能够看到，大人是怎样阻止孩子的发展的。

大人阻止孩子的发展有很多种方法，比如说不要动、不要碰、老实点儿、别喊。像孩子自己拿着梳子，觉得很好玩，想梳头，你会觉得孩子把头发梳得乱七八糟，说“我来帮你梳”。实际上，孩子在模仿梳头的过程中体会着秩序感，体会着自己身体的协调性，也在感知这个社会。

又如，孩子穿衣服太慢，因为孩子的节奏跟我们本来就是不一样的。蒙台梭利说：“儿童虽然有他的步速，但这种步速几乎是机械地带着他前进。幼儿的行走是为了完善他自己特殊的功能，他的目的就是为了发展他自己。他步伐缓慢，这是一种看上去既没有节奏也没有目的的步伐，他行走是被他看到的周围物体所引起的。如果成人要帮助这个儿童，他必须放弃自己的步速和他自己的目的。”

孩子正在学习，在探索扣子和扣眼的关系，他很慢，可能会扣错，但这正是他学习最重要的时机。如果为了省时间，家长的办法就是替他把衣服都穿好。这样，孩子慢慢地就放弃了，不学这项技能了，失去了学习的自信。

当一个孩子手里有一个墨水瓶的时候，大人一定会特别紧张，也可能为此发生冲突，但是这些东西对孩子天生有吸引力。孩子喜欢的是把盖子拿起来又盖下去，并不是真正要这个瓶子或者墨水。其实，孩子就是在不断地打开和拧上的过程中，去感知什么是圆、什么是螺纹，这些是怎样一起配合的，他会觉得世界真好玩。

成人阻碍儿童发展的很多方法，在今天听来并不陌生，我们依然在用类似的方法阻碍着孩子成长。

完成老师的任务

在蒙台梭利的教育理念中，他认为教师应该端正对待儿童的态度。儿童不能够保护自己，他们相信别人告诉他们的任何事情。如果我们对孩子发泄情绪，他们不仅很快就忘记了我们的罪恶，还会对我们所指责他们的一切感到内疚。

孩子很善良。一个朋友的孩子就告诉我，有一个老师，给班上一个表现不好的小男孩起外号，还让全班的同学都叫那个小男孩的外号，小男孩很羞愧。但是，班里没有一个孩子觉得老师做得不对。孩子没有判断力，他们觉得老师一定是对的。大家一起去指责那个可怜的小男孩，回家还跟家长说那个小男孩不好，连老师都叫他的外号……

老师要珍惜手上的权力，孩子不会轻易地反抗大人。因此，真正的教师不仅仅是不断努力使自己变得更好的人，还应该是一个能够消除自己内心障碍的人。

消除自己内心的障碍：第一是通过自己与这些坏脾气做斗争，努力克服它们；第二是通过社会环境的正确观念来抑制我们的坏脾气；第三是时刻反省自己。教师必须时刻反省自己，摒弃专制，消除傲慢和发怒，变得谦逊和慈爱，并且牢记自己的使命是去教育儿童，避免从成人的角度去理解儿童。

教师是一个非常高尚的职业，蒙台梭利选择了这个方向，并从中感受幸福。书中有一张老照片，是蒙台梭利在1950年为一个电台发表讲话之前和一个英国小女孩交谈时拍摄的。她把女孩抱在胸前，一块儿接受电台的采访，她的样子、她的眼神，充满了爱。

当一个老师真的认识到自己对孩子的影响有多大的时候，才能够用爱心对待这个孩子，而不是为了图省事，为了能够有秩序，告诉孩子“坐在一起静悄悄，手背后，举手要发言，不听话的就是坏孩子”。

发展天赋的发现

儿童之家尊重孩子的天赋，进行了大量的教育后，有六个重要的发现。

第一个发现是对于一个孩子来讲，重复练习是非常重要的一件事。

比如说，一个 3 岁的小女孩玩一个圆柱体，她不厌其烦，一遍又一遍……她重复练习高达 42 遍!

蒙台梭利说，当小女孩重复练习了 42 遍后停下来，她仿佛从梦中醒来并愉快地微笑着，她的眼睛炯炯有神，并环顾四周。

当一个孩子玩过、玩透、玩熟一样事物的时候，他是在进行一些我们可能不知道的探索。他真的从这个游戏中学到了东西。

嘟嘟小时候看他喜欢看的动画片，我们觉得喜欢看一个片子，至多看两遍，但孩子喜欢看一个动画片，会看几十遍。而且，他每次看到某处情节的时候，该紧张还是紧张，该兴奋还是兴奋。我们大人要做的就是，不要打断孩子的重复。

第二个发现是允许孩子自由选择，给孩子可选择的空间，让孩子根据自己的需要选择自己感兴趣的东西。

第三个发现是孩子很喜欢秩序感。

很多早教中心、幼儿园，都希望营造出一种物质很丰富的感觉，很多地方都有玩具。可是，玩具过多，孩子的注意力就会不集中，他就没法非常安静地去探索一些事情了。

我曾反思，我家给孩子的玩具真的是有点儿多了。其实，大部分家庭都是如此，所有人都时不时地给孩子送玩具，每个家里都有一堆玩具。

给孩子太多玩具，孩子就不会去认真地把一个东西玩很多遍了。

第四个发现是尊严感。

大人喜欢跟小孩儿开玩笑，经常用欺负他、侮辱他、调笑他、吓唬他的方法，孩子是真的会认真的。

蒙台梭利曾经有一次专门教一群幼儿园的孩子擤鼻涕。孩子们擤鼻涕的时候，总是被呵斥不礼貌、声音太大、去一边等，他们一想这事就很紧张。蒙台梭利坐在孩子们中间，教孩子做这件事。最后，所有的小孩儿竟然都热烈地鼓掌，掌声像在剧场中听到的那样长久而热烈。因为老师尊重他们，在乎他们的需求。

家长对孩子进行教育的时候，一定要把孩子当成一个成年人来对待，不能随便否定他的感情。有时候，大人一张口说的话就不客气，调笑、打击、否定、呵斥，让孩子没有尊严感。

家长要想帮助孩子建立独立、完整的自尊体系，就要学会尊重他，让他知道他的尊严很重要，他是能够掌控自己尊严的人。

第五个发现是关于书写和阅读的。

蒙台梭利认为过早地强求儿童通过书本来识字，对儿童是没有帮助的。

不需要刻意地教写字，而要把认识字母变成一个游戏，用硬纸板做出字母，有些字母是发亮的纸板做成的。儿童既可以用手指在上面顺着字形写，又可以感知它的形状。

这样，孩子们依靠着自己对探究的浓厚兴趣，兴趣和能量就被激发出来了。

有一次，大人正在谈论一场地震的时候，有个大约 5 岁的小孩儿走上讲台，在黑板上写："我感到遗憾。"大人们猜想他是要表达悲哀，但他接着写："因为我是一个小孩儿。"这也不足为奇。后来，他接着写："如果我是一个大人，我会去帮助他们。"这多么令人感动，一个刚刚学会写字的孩子，他表达出这么崇高的感情。

总之，当孩子对学习非常感兴趣的时候，他才能循序渐进地去看有图画的书，接着看带字的书。

这个过程中，我们不要揠苗助长。我记得嘟嘟在很小的时候，我对全家人说不要教他认字。如果他问，我们就告诉他；他要是不问，谁也不要强迫他认什么字。

他很快就认识了很多字。因为没有人强迫他，没有人把认字当作任务和要求灌输给他，他反倒探索得很愉快。

一定要尊重孩子的天性，让他从自己力所能及、能够学到的东西开始，让他获得尊严感、成就感，不要让他总是面对挫折，这样孩子就会更加容易热爱学习这件事。

第六个发现是关于身体的发展。

蒙台梭利在儿童之家发现，他们从来没有做任何事去改善孩子的身体状况，但是孩子们的健康状况都很好。

孩子能够玩起来本身就是很好的锻炼。孩子的运动量肯定比我们大人大。剩下的是健康的心理因素，让孩子心情愉快、不压抑，他的身体会好很多。而反过来，很多疾病是来自经常被父母训斥，压力很大，这种心理上所受到的摧残会导致发烧，免疫力下降。

以上六个发现，对我们做好父母的工作以及老师去做好老师的工作，都会有很多的启发。

帮助孩子正常化

这里提到的不正常，没有任何贬低的意思，大家千万不要套用到歧视上面去，正常和不正常是理想化和不够理想之间的区别。

蒙台梭利提到了一个词——皈依，是因为很多孩子已经偏离正常很远了，但是良好的教育环境可以使他们回到正常的状态。

有一群墨西拿地震后幸存的孤儿，他们丧失了亲人，也没有家园。当进到儿童之家的时候，他们的反应是不正常的，晚上常常听到他们大声地叫喊和哭泣。

老师们带他们学习良好的行为举止，比如教他们学习像王子一样用餐，像最好的侍从一样端菜，让这些孩子逐渐从震后的伤痛中慢慢地恢复过来。他们又重新开始欢笑，重新开始跟别的孩子一起玩，这就是一个正常化的过程。

还有一种不正常的状态是什么？儿童之家有的时候会遇到一些富家子弟，他们总不在状态，对什么都无所谓，觉得什么都不好玩。一个孩子对各种各样的东西丧失了兴趣，因为他的生活条件太优越了，他在家里有太多人愿意替他打理各种各样的事，所以有了这样的状况。

老师和家长们给了这些孩子充分的时间，他们相信一个孩子能够回归正常化，绝不仅仅是老师的责任，还跟这个孩子自身的调节能力有关系。这些富人家的孩子在这儿待了几天以后，慢慢地开始探索，也开始玩简单的玩具，开始专注于去发现他们想要发现的东西。这就是一个正常化的过程，也叫作“皈依”。

如果大人用了很多错误的方式对待孩子，会导致孩子出现以下不正常的行为。

第一个不正常的状态叫作“神游”。

神游就是孩子不像别的孩子那么专注，他做任何事都不投入，注意力不会集中，上课的时候会看别的地方。

我小时候的数学老师跟我妈妈说："樊登上课的时候，眼睛像个小老虎一样。"我放了学不复习——只是做作业。但是，我上课的时候特别认真地盯着老师。

嘟嘟现在学习成绩也好，我问他怎么把分数考这么高。他说："我就是一个办法。"我说："什么办法？"他说："我上课的时候就盯着老师，认真地听他说什么，这样下课玩就可以了。"

孩子的专注度尤为重要，有一个孩子被老师反映上课从来不认真听讲，成绩一塌糊涂。我们就问是怎么回事，一了解马上发现，她爸爸妈妈老吵架。当一个家里充满暴力情绪的时候，很多争执让孩子觉得恐惧，他的注意力是没法集中的。

还有一个造成神游非常重要的原因，是多数人迷信孩子的童年与玩具紧密相连。其实，完全没有必要让孩子拥有太多玩具。

第二个不正常的状态是障碍。

过早地给孩子进行过度教育的家庭，最后的结果就是孩子的成绩变得越来越糟糕。因为你给他造成了学习的障碍，你没有让他按照他的节奏去探索这个世界，而是给他灌输得过多，让他产生了逆反心理或者是傲慢心理，使他不觉得这个东西有什么好学的。

有的孩子很小的时候就学数学，等到他上一年级后，发现这些内容自己都会，就开始不屑于学习这些，最后的结果就是听到数学就烦，数学成绩越来越差。当障碍产生后，再想扭转孩子，让他重建对探索和学习的乐趣，就会变得非常困难。

第三个不正常的状态是依附。

有的孩子永远黏着爸妈，他放弃自己活动，只想永远和父母在一起。其实，一个孩子是很喜欢自己玩的，自己会玩得很开心。

在我家，虽然我们也陪嘟嘟玩，但嘟嘟经常自己一个人玩半天。他最好的伙伴是想象力，他拿着玩具想象它们怎么打，发生了什么故事。我小时候也经常会做这样的想象。

一个孩子如果放弃了自己活动，凡事都依赖大人，他长大了会懒散，不觉得自己有责任感，认为这一切都应该跟父母有关。

第四个不正常的状态是占有欲。

如果一个人占有的东西并不是自己需要的，他的发展就失去了平衡。

第五个不正常的状态是权力欲。

权力欲就是孩子命令大人买这个、买那个，通过大人来获取更多的东西。

很多家长特别喜欢满足孩子的需要，甚至没有底线地满足。最后，孩子发现指挥大人很容易，而且常常指挥大人来做成一些事比自己做要容易得多，他就放弃了自己的努力和探索。

大家要小心，要让孩子自己学会去解决一些问题，而不是什么事都让他通过大人来实现。

第六个不正常的状态是自卑。

自卑来自苛责。家里来客人，客人失手打翻了一个杯子，你会说："没关系，不要紧，杯子也不贵，是我上次旅游的时候顺手买的……"你想让客人不要有愧疚感，但孩子打碎了一个杯子，你会说："多好的一个杯子被打碎了，你怎么这么不小心？"

当孩子观察到你对他和对别人的态度不一样时，孩子的自卑心理就逐渐产生了。

我们对孩子的要求往往比对普通人的高，甚至，我们对孩子的要求比对自己的要求都高！这样的孩子，容易在长大后有自卑的特征。他不会有足够的自信，会觉得自己没有力量去做各种各样的事，因为他就是在被不断批评中长大的。

此外，不正常的状态还有恐惧和说谎。

想要回归正常：第一是要靠我们外部的努力，老师和家长要能够遵从孩子的节奏，要允许孩子不断地探索，给他创造一个探索和学习的环境，让孩子通过探索来完善自己的人格；第二是要靠孩子自身的调节，当你尊重了孩子成长的规律和节奏时，孩子很快就会恢复到正常的状况。

很多家长难以做到尊重孩子，包括孩子和父母的冲突，这主要来自家长的主导本能和工作本能。

主导本能是孩子想有他的话语权，希望自己主导一生，但父母总把孩子视作自己的产品、私有的财产。当父母用这样的态度来与孩子进行沟通并实行控制时，双方在控制权上就产生了争执，导致很多家长不会让孩子按照自己的节奏去成长。

工作本能是重要矛盾的分歧点。如果一个人长大成人很不容易，到了养家糊口的时候，他会把工作视作一种负担。他就不想让孩子天天工作，觉得让他休息是最好的，会想把最好的给孩子。办法就是一切让大人来，想让孩子过得舒服，因为他根本不觉得工作本身是一个学习的过程。

但是，孩子的工作本能是通过工作来认识世界的。比如说，他扣扣子、自己背书包上学、去洗碗、去帮着妈妈布置餐台等，这些事情是孩子在探索和学习、完善自己的过程。

孩子帮大人做一些事，他会特别愉快。樊登读书很多授权点有时候需要我拍一段视频给大家，大家在会场播放，我都找嘟嘟帮我拍。家里有大人，我也不用他们帮忙。我对嘟嘟说："嘟嘟，你来帮爸爸拍个视频。"他说："我行吗？"我说："你当然可以，没问题，你拍照拍得那么好。"于是，我看到了一个孩子拍个视频有多认真。比如，他会找一个角度，说："爸爸，我先拍个照片，你看看这个角度行不行，我再拍。"他是很认真地在参与大人的工作。

如果大人把这个工作当作养家糊口的差事，对孩子说："你给我拍这个视频，我给你 10 块钱。"这立刻就变成了以成人的逻辑去破坏孩子的世界。

孩子在主动性很高的时候，会在参与这个劳动的过程中感受愉快和好玩。大人活得太累，把工作当作养家糊口的苦差事，就不会正确引导孩子。我们对孩子说的"你快点儿"和"我帮你做"，使得孩子没法通过工作来认识世界。

如果我们能够真的重新认识我们的工作，领会工作本身就是不断完善自己的人格、不断修炼、不断精进的过程，就会更加尊重孩子的天性。

了解了主导本能和工作本能后，应该尊重孩子学习的规律，让他可以重复地做一些事情，让他可以参与到很多家庭的工作中去，去探索这个世界。对他保持足够的尊重，把他当作大人一样对待，跟他对话。这时候，你发现孩子完全可以成长得非常阳光、健康、开朗。

最后引用这本书里的话，跟大家共勉——所有的父母都具有一个伟大的使命，他们是唯一能够和必须拯救自己孩子的人，因为他们具有社会中组织起来的力量，并能在共同生活的实践中采取行动。他们必须意识到自然界托付给他们使命的意义，这个使命使他们超越社会，并使他们能够支配所有的物质环境，因为他们的手中确实掌握着人类的未来。

我们每个人的手中都掌握着人类的未来，希望我们珍惜自己手中的权力，让孩子成长为自己本来的样子。

内向孩子的潜在优势：让我们更懂孩子的心

很多朋友向我咨询："我的孩子性格特别内向，该怎么办？"还有人说："我自己性格内向，我的孩子也内向，我特别不希望他这样。"我不明白为什么大家对内向这么排斥，《内向孩子的潜在优势》的作者兰妮博士是美国当代重要的内向性格研究专家。

那么，内向和外向是存在的吗？会不会是我们大脑想象出来的一种感觉？因为所有人在某些时刻都可能觉得自己是一个内向的人——我觉得自己是个内向的人，可别人说樊老师肯定是外向性格。

内向跟外向到底有没有准确的界定？兰妮博士阅读了数千份心理学、生物学和神经科学方面的材料，还采访了数百位内向的人，发现内向和外向的概念的确是存在的。

只不过，内向和外向不总是非此即彼，很多人同时拥有内向和外向两种气质。

为什么内向的人不喜欢自己的内向，也不希望自己的孩子继续内向？这个很长时间以来的误解，来自 20 世纪所谓最伟大的三个心理学家之间的纷争，这三个人是弗洛伊德、荣格和阿德勒。

荣格、阿德勒和弗洛伊德本来在心理领域一起进行合作研究，后来三个人不再和睦，最有影响力的弗洛伊德对另外两个人愤愤不平。因为荣格和阿德勒都是内向的人，弗洛伊德便开始贬低内向，把内向的定义扭转为“过分以自我为中心”等。

今天，我们很多家长都为孩子的内向担忧，都觉得这是一个需要解决的问题，甚至非得把一个内向的孩子推到台前去演讲。如果不会演讲，必须得练，非得让一个内向的人变成一个看似活泼、外向的人，这种教育方法会带来特别多的伤害和失误。

《内向孩子的潜在优势》让我们学习到，如果自己的孩子是内向的，我们应该去发挥内向的优点，而不是把他改变成外向的人。

判断内向与外向的标准

判断一个人是外向还是内向最重要的标志，是要看他获取、消耗、保存能量的方式：外向的人越玩越带劲儿，人越多越开心，只要热闹就会觉得充满了能量；内向的人在人多的环境下会觉得越来越累，他需要自己在一个安安静静的地方休息一下，安静一会儿，才能够逐渐补充上能量。

外向的人所获得的信息交流和能量恢复，都来自社交和与他人的互动；内向的人是来自安静，来自独处。

一个人到底是不是一个内向型的人，有如下的问题可以引导和验证：我参加完刺激性活动后浑身是劲儿，还是在大多数时间里借由安静地思考来恢复精力？

如果一个孩子在压力面前表现出退缩，他很有可能是偏内向的孩子。反之，如果你的孩子精力充沛，总想到外面去玩，不管有没有人和他一起，他就很有可能是外向的孩子。

从成人的角度分析，在一个人休闲的时候，他是想拿起手机叫朋友来玩，还是想自己静静地看会儿书或者是散散步，这是内向和外向一个很重要的区别。

从生理的角度来看，内向与外向也大为不同。

多巴胺作用于交感神经，醒着的时候，交感神经控制我们的行为，休息的时候，就切换到了副交感神经。

内向的人和外向的人的区别在于：内向的人更多地使用能够让我们减速和休息的副交感神经，神经递质是乙酰胆碱；外向的人更多地使用能够让人加速和战斗的交感神经系统，神经递质是多巴胺。

又如大脑的区别，人类的大脑有四个主要的功能区域，相互独立、彼此配合，分别为：大脑前叶、大脑后叶、左脑、右脑。

从大脑前叶和大脑后叶的区别来看，内向孩子的大脑前叶更加活跃，外向孩子的大脑后叶更加活跃。

在左、右脑之间，每个孩子都有占优势的一部分：内向的孩子，左脑占优势，孩子就更有逻辑性，更注重思考；外向的孩子，更爱玩、爱交朋友。

外向的孩子善于表达、社交，与很多人混得很熟，因为他的知觉和情感的系统比较发达。

我在教孩子学说话的时候，发现了孩子之间的不同。小朋友学说话有两种学习方式：有的小朋友说一个字后再说一个字，说很多不连贯的话，有的小朋友则总是说连贯的话。我儿子如果没有把一句话组织得非常完整，他就不说话。他喜欢想，想半天后，如果说不准，就停下来又想半天，一直到大脑里组织出一句完整的话后，他才会全部说出来，是一个完整的意思。

我判断他有点儿偏内向。

还有一个标志性的事情是他在幼儿园时，一次过生日，我们把小朋友都请到家里来玩。小朋友们玩得很开心，把我们家闹翻天了。嘟嘟一个人跑到房间里哭了，他说："他们为什么还不走？他们太闹了，我受不了。"

这从生理原因让我们看到内向和外向的不同。当然，没有所谓的优劣。

对内向孩子的理解与爱

兰妮博士致力于研究内向，她分析内向有如下优势：拥有丰富的内心生活，懂得停下来品味生活，热爱学习，善于创造性思维，擅长艺术创作，情商高，精通谈话，乐于自处，谦虚，容易养成健康的习惯，是好公民，珍惜长期的友谊。

我觉得这提醒我们意识到内向的人有很多优点。当然，这不是绝对的，同样的优势，外向的人身上也会有。

在这个快节奏的世界，外向型的人看起来会更容易适应，人和人的交流变得越来越多，内向的人看起来似乎要慢一点儿。这就需要家长帮孩子创造一个"耐寒区"，给内向孩子提供生长所需要的成长要素。

第一，确保家长与孩子的关系密切。家长不会强迫孩子成为一个他不愿意成为的人，不会因为孩子总躲在人身后而忧心和焦虑，而是知道人和人是不一样的。

第二，要教他行事符合自己的气质。帮孩子分析“哈利·波特”系列书中的人物角色：有人特别外向，爱开玩笑，经常组织大家聚会，甚至会为了团队牺牲；还有人不爱说话，性格内敛。但是，无论是内向还是外向，都可以按照自己的气质去生活。

第三，与孩子建立一种灵活的关系，努力去发现孩子身上的优点和潜能。当他的才能受到鼓励，孩子就能充分发挥潜能。

第四，要给孩子创造一个恢复精力的场所。这样，当孩子需要安静时，就能够有一个人独处的时间和空间了。

以上可以帮助孩子创造“耐寒区”。不要总讲道理，因为内向的孩子本身就容易思虑过度，太多的道理会让他变得非常焦虑。也不要总反驳孩子，不要跟孩子展开大量辩论，更不要轻视或者忽视他的需求和感觉。

要做的事是承认他的感受，跟他换位思考。今天处理不了的问题，可以约孩子下次再做。如果给孩子造成了伤害，应该向他表示歉意。

理解内向的孩子，一个很重要的方面就是内向孩子很容易产生内疚和耻辱感。一定程度之内，会帮助孩子纠正错误的行为。如果内疚感和耻辱感过多，则造成伤害，导致孩子的行为扭曲或者深度自卑，以及自尊水平大幅下降。

建议纠正内向孩子的错误时，稍微说一下就好了。比如，孩子在家里练吉他，吵得你睡不着觉，如果是一个内向的孩子的话，你可以跟他说“妈妈真的有点儿头疼，我希望能够安静一下”，就这一句就好。如果要想阻止一个外向的孩子，可能真的需要父母花很大的力气，因为孩子能量很强、停不下来。

这一点我特别有感触。我带着嘟嘟去博物馆，那时候他三四岁，很爱跑。

我发现他影响到了别人，只需要看着他说："嘘。"就做这一个动作，他就立刻非常认真地看着我点点头，安安静静地跟在我后边。

在对内向孩子的看护和饮食调配上，也跟对待外向的孩子不同。

内向的孩子不喜欢变化的环境，你突然把他带到一个特别嘈杂的宴会，他会特别不舒服。所以，在变化之前，要提前明确地告知孩子。比如说："今天晚上，咱们要参加一个活动，大概需要一个小时，活动的安排是这样的……"要尽量多地让孩子参与到对这个活动的预判和想象中。活动之中，要多去观察孩子是不是累了，是否需要安静或者需要你去陪他。

不要逼着孩子吃东西，我太太小时候被迫吃了她不愿意吃的食物。到现在，她一想到这个食物，依然无法接受。家长不要在食物问题上和孩子较劲儿，世界上的食物种类那么多，少吃一两样，根本不是什么了不起的事。

我们会因为这件事发脾气，其实对身体不好，对心理关系也不好。所以，内向的孩子可能会有挑食这个状况，家长应避免卷入食物的争斗中。

要给他足够的睡眠时间。内向的孩子很需要在睡眠中吸取能量，也普遍需要一个安慰物—— 一个小被子、一个小毯子等，或者是揪着妈妈的衣角入睡。

作者请内向孩子的父母谨记：对于一个明显羞怯和不自信的内向孩子来说，严厉的对待——包括过分严厉的管教——必然会失败。这有两种可能，一是内向的孩子变得不与他人交流，极其内向的孩子甚至变得孤僻。他放弃自己的能力，说反正自己什么也做不了，内疚感爆棚。还有一种可能是叛逆，他去做很多出格的事，成为反面教材。

享受孩子独特的气质

家庭成员的性格是有很大差异性的，不是内向的家长一定会生出内向的孩子。即便同一对夫妻有三个孩子，三个孩子的性格也都不同。

不同并非缺陷，家长千万不要把内向孩子和外向孩子去错误比较，这会给孩子造成非常大的心理负担。关键词是享受。无论孩子是内向还是外向，家长都要享受引导这个孩子长大的过程，要珍惜家里的每一个人。

对家庭里的内向孩子来说，调动他的好办法就是让孩子帮忙，让孩子分担一些家务，让孩子感受到自己为这个家所做的贡献，他会觉得非常开心。还可以跟孩子讨论某一个问题，征求他的意见。

在我家，我可以和嘟嘟聊起家庭存款的事项，邀请他参与家庭的经济管理。他从中了解钱是怎么赚回来的，应该如何分配。甚至连家中老人生病住院了，我都会告知他，让孩子参与到整个家庭的活动中。这给他建立了责任感和自信心，他知道自己在家庭中很受重视。

还有，可以和孩子讨论另一个孩子的问题，而不是在背后说别人的坏话。比如，妹妹不愿意去幼儿园，父母就可以和哥哥探讨，大家怎么做可以帮助妹妹，这也会让孩子产生主人翁的责任感。

当然，还可以跟孩子分享自己的人生故事，家长跟孩子讲一讲自己小时候发生过什么事，孩子会特别乐意听。在我的记忆里，关于我父母年轻时的故事都是我小时候听的，这几十年他们都没有再说过这些事。我父母在我出生前的经历，在我脑海中是一幅一幅的画面。因为这是一个大系统，会让一个孩子觉得自己的生命跟一个更大的系统连接在了一起，这样宏大的感觉对所有的孩子来说都会是件礼物。

这本书中特别关爱面临父母离婚的内向孩子，因为孩子们有一个共通的特性，就是自我归因，他会觉得父母离婚是自己造成的。

当然，离婚是我们每个人所拥有的权利，但是在离婚的时候，怎样能够减少对孩子的伤害呢？我认为要着重讲一下离婚的情况下，怎样能够给予孩子稳定感。

第一，不要让你的内向孩子被迫夹在你和配偶之间，非得让他认同你们当中某一个人的感受。实际上，孩子认同的是父母两个人，他忠于两个人。

第二，要理解内向孩子的反应较慢，他们需要时间处理这个变化。在与前夫（前妻）的争执中，表现得姿态高一些，他长大以后会因此而尊重你。孩子虽然不说什么，但他都看在眼里。如果两个人为了一点儿财产撕破脸，天天争吵，会给孩子心里留下很深的阴影。

第三，可以与孩子讨论离婚这件事，在孩子的年纪稍微大一点儿，确保孩子不会认为父母离异是他的错的时候。

第四，询问孩子的感受和烦恼，确定问题所在。比如说："你晚上到爸爸那儿时，咱们可以通一个电话。"要告诉孩子，如果他不高兴的话，就要讲出来。

第五，尽量保持每天的生活规律。内向的孩子不喜欢变动，在两个家之间频繁改变生活，会给他们造成压力。

第六，用带有卡通贴纸（针对年纪小的孩子）或附有便条的日历，来为孩子标明近期的安排，包括旅行、学校活动、预约就诊，以及其他一些父母双方都应该掌握的信息。

第七，告诉孩子，虽然你知道他希望父母复合，但这种情况是不会发生的。让他理解这件事情，否则，孩子心中永远有期待，总在给父母创造机会，甚至他会装病，需要爸爸妈妈一起来照顾他。如果以后确认父母不能复合，孩子会更加难过。

第八，不要叫内向的孩子监视你的前妻或者前夫。比如，千万不要对孩子说："你爸爸是个坏人，你替我惩罚他。"

第九，提醒孩子，每个人早晚都会适应变化，一切都会好起来。

我还建议，在家庭中带孩子的老人能够深入地了解孩子的不同，让他们互相交流，把家族故事传承下来。多一个人爱孩子，总是一件美好的事情。重要的是让老人学习起来，理解人和人是不一样的。如果不学习，他可能真的希望孩子长成自己想要的那个模板，对孩子提奇怪的要求。

有一次，我见到一位奶奶批评孙女玩滑梯，奶奶好凶，对着孩子大骂。我观察到小女孩完全无动于衷，像根本听不见奶奶的声音一样，接着玩滑梯，面无表情。实际上，双方都很痛苦：小女孩已经开始学会麻木了，而奶奶已经陷入了习惯性批评。

家长的学习和进步是非常重要的事。

内向的孩子上学的时候，家长需要跟老师之间有更多的互动，可以单独与老师沟通，让老师把学校的纪律准确、明确地告诉孩子。

给孩子创造更多的社会交往机会，让孩子能够深度交友。内向的孩子交朋友跟外向的孩子不一样，就是他不会马上和很多人突然变得很熟，但是内向的孩子一旦跟某个人成为好朋友以后，他会非常珍惜，两个人会成为一辈子慢慢走下去的“发小”。

家长还要多留心孩子在学校的表现。内向的孩子有时候会在学校里被人欺负，因为外向的孩子更容易找到伙伴，更容易适应一个团体，内向的孩子则不同。比如《硅谷钢铁侠》里改变世界的埃隆·马斯克，他小时候总被人欺负，思考问题时极其深入，爱读《大英百科全书》。

内向孩子的父母要和老师沟通起来，请老师及时反馈，更好地呵护孩子。

帮助挖掘孩子的潜质

从学习环境来说，我们要注意如下事项：

第一，我们要帮助孩子找到属于他自己的节奏。

当他慢慢找到了节奏感，发现自己就算比别人慢一点儿，也能够把事做得很好时，他就有了自信。

这份自信是来自他对节奏感的把握。

第二，要给他足够宽松和包容的环境。

生活中大量的悲剧都来自家长有着非常不切实际的希望，希望自己的孩子长成别人家的孩子。这样，问题就来了。我想告诉大家，事实上，就算你的孩子在某个时刻长成了别人家的孩子，你还会继续希望他改变，希望他如果再怎么怎么样一点儿就更好了。家长的贪心是“无与伦比”的，事实上，永远不会停下来。没有人说“我的孩子现在已经最好了，我已经非常满意了”。

懂得满足太难了，这源于每一个家长内心不断涌动的焦虑情绪。让孩子上各种辅导班根本不是为了把孩子培养得更好，而是为了缓解家长的焦虑。

要把满足家长的自尊心、满足家长的对比欲望、满足家长焦虑情绪的这些东西，改成沉浸式的、漫步式的教育。沉浸式、漫步式的教育是宽松、包容，是尊重孩子自己的节奏，让孩子知道这件事应该怎么做，给他创造更多自己思考的机会，所以慢慢地，孩子真的会不鸣则已，一鸣惊人。

第三，要了解内向孩子的课堂陷阱。

嘈杂的环境对内向孩子来说是一个陷阱。我曾经做过一个纪录片，叫《世界的孩子》。我们去看了美国的很多学校，学校的风格完全不一样，有的学校会给孩子独立的时间和空间，有的学校总是那么热闹，适合那些外向的、愿意排名的、愿意跟别人比拼的孩子去加入。所以，家长帮孩子选学校的时候，要看这个学校是否适合一个内向的孩子发展自己。

误解也会伤害到内向的孩子。有的学校的老师对内向的孩子缺乏理解，他们觉得内向的孩子不容易接近，觉得他们叛逆、不合群、自私自利、不善于沟通等。

第四就是内向孩子被忽视。

比如，大家的节奏和内向的孩子并不同，久而久之，他们得到的关注就更少了。

从交友方面来说，内向的孩子希望长期地、深入地交流，但在过程中有可能遇到挫折，因为他们对于友谊的质量要求很高。

内向的孩子容易面临欺凌，家长要学会观察。例如，孩子有如下表现：

长期心情低落，或者异常烦躁；

在校期间，经常发生异常的状况；

总是丢东西或者衣服总是有破损；

没吃东西，经常饿着肚子；

做噩梦或者尿床；

身上有原因不明的擦伤或者淤青；

经常生病；

……

这些状况孩子虽然没有讲，或者在情绪上没有过多反映，但都有可能是他在学校里遇到了解决不了的问题。此时，父母需要安慰他，可以告诉他有的孩子脾气不好，就是非常讨厌，或者说“我知道你伤心了，但是事情已经过去了”。要理解孩子的感受，不要说“你为什么不打回去，你怎么没有自己的办法”。孩子被别人欺负了以后，不要再去责怪他，再去责怪他就是进一步欺负他。

我们应该采取更多的行动来帮助孩子。

第一，要给孩子做榜样。那些在家里目睹暴力和攻击的孩子，很有可能会成为施暴者或者受害者。

如果父母在家里用言语辱骂或者讽刺孩子，孩子在学校里也会跟别人出现类似的情形，很有可能会让别人再骂他。这就是在家里习惯了这种角色，到学校他可能会扮演这样被欺负的角色。

第二，向孩子说明，单凭自己的力量，是无法解决这一问题的。对于那些坏孩子，最有威慑力的还是大人。你需要让他尽快去寻找大人的帮助，无论是找老师还是找家长。

第三，如果见到欺负人的行为，你要立刻上前制止，你必须挺身而出。

兰妮博士还提出，家长可以做的防备工作如下：

让孩子学会辨认谁是恃强凌弱的“坏孩子”。凡是那种喜欢挑衅、戏弄、威胁等方式的人，要远离他们。因为，他们很有可能是欺负人的“坏孩子”。

跟孩子说，你知道有些孩子喜欢欺负人，所以没必要对每个人都友好。有的人，你就是要跟他划清界限，或者你就是要反抗他。

跟孩子讲，任何欺凌行为都是绝对不能容忍的，只要发生就要告诉大人。

确保孩子要有一两个好朋友。

跟孩子说有些欺凌是因为嫉妒，你的成功会让他们觉得自己是一个失败者。当孩子表现得很好，如某门成绩非常棒、得了奖的时候，那些嫉妒的人有可能会欺负他。

向孩子描述，好朋友会如何对待你。那些欺负你的人只不过是想居高临下，而不是想成为你的好朋友。

告诉孩子不要理会那些“坏孩子”的粗鲁语言、表情和手势，以免伤害自己的自尊。

告诉孩子躲开欺负别人的孩子。如果有人欺负他，他可以去警察局或者其他有大人的场所寻求帮助。

让孩子学习空手道或者参加其他自我防卫的培训班，逐渐建立自信。受过这些体育训练的孩子，他容易走得稳，坐得直，看上去自信。敢于直视挑衅者眼睛的孩子，不大容易成为“坏孩子”的欺凌目标。

在家里，通过角色扮演来练习被欺凌的时候应该怎样应对。要让孩子能够直视对方的眼睛，同时坚定地说“走开”“放手，不然我就要告诉老师了”。告诉孩子不要不敢喊叫，喊出来，不要怕。

如果孩子受到欺凌，要把这件事告诉校长，因为学校一般都会有专门的处理办法。

告诉孩子被人欺凌的时候，到公众场所去，这样有助于灭掉“坏孩子”的嚣张气焰。

还要告诉孩子，被惊吓到了没有关系，只是一定不要当着欺凌者的面哭，最好是安静地走开。

在孩子回家的路上，或者等他下公共汽车以后陪陪他，和他愉快地聊天，“坏孩子”不会欺凌经常得到父母关爱的孩子。

有时候，孩子在学校里经历的这些事情真的是出人意料。我们应该下足够的功夫，来帮助容易被欺负的内向孩子。

《内向孩子的潜在优势》把一个内向的孩子所需要的方方面面讲得很清楚。一个内向的孩子到底需要什么，核心是爱，是时间。

你要拿出时间来陪伴他，因为“爱”不是一个空泛的词。有时间才能够表达爱，你要用更多的时间关注他，给他信任、稳定、信心，适应他的慢节奏，给他鼓励和快乐。

母爱的羁绊：
妈妈如何与女儿相处

《母爱的羁绊》的作者是卡瑞尔·麦克布莱德。这本书可能会引起很多人伤痛的回忆，也可能会引起人们强烈的反应，有人可能会觉得这本书太夸张了。它所揭示的矛盾是大多数女孩和妈妈之间的矛盾。

对女孩影响最大的人是妈妈，妈妈的某些特质会导致女儿一生中面临特别多的困难：有的女孩对自己特别严苛；有的女孩子总是不自信，不知道为什么总是干了很多工作，还对自己的评价不高；有的女孩子总是特别容易内疚；有的女孩子希望自己美了还要再美，瘦了还要再瘦……

这些可能是因为妈妈有自恋的特质。自恋的妈妈有强烈的自我关注，情感的贫乏也是来自强烈的自我关注。她做任何事情，都是从自己的角度出发，而不是从别人的角度出发。

自恋导致取悦，而非爱

有自恋母亲的女性会面临一些和她的兄弟们完全不同的困境，妈妈并不会将儿子视为自己的反映和延伸，但会给女儿压力。比如，对女儿过分严苛、过度关注。她在女儿身上事事处处提出的要求，实际上是对自己的要求。

作者卡瑞尔总结了自恋的妈妈的九种特质。

第一个特质是她对自身的重要性有着不切实际的理解，总觉得自己高人一等，总觉得自己做什么都是最好的，总希望别人都按照她的方式来处理问题。

比如，女孩结婚后，在做家务的习惯上，两个家庭的习惯不一样，亲家之间会因为家务开始打架。很多家里的矛盾就是这样产生的。

第二个特质是她专注于对成功、权力、才华、美貌、爱情的幻想。

我观察到很多家庭里，最能带着孩子报班的不是爸爸，而是妈妈。妈妈会不遗余力地骑个电单车，带着孩子，一天跑五六个班。妈妈觉得不能失败，一定要出人头地。

第三个特质是她相信自己是独一无二的，她不被周围的人理解，她觉得自己可以被更高层的人理解。

她总是孤芳自赏，觉得自己如果能够跟那些更高层的人见面的话，就能被更好地理解。

第四个特质是她特别需要过度的崇拜。

你要给她足够的赞美。吃了她做的饭，一定要说“特别棒”，要说“妈妈什么都好，妈妈一切都比别人强”，她才能得到满足。

第五个特质是她觉得自己享有特权。

我爱人开美容院，她有一个感受：有的女性一进店，就是一种女王的姿态。她约时间，随时可以改，但她如果临时来了，还要等，就发飙了。

第六个特质是人际关系上的剥削。

她喜欢利用别人，喜欢通过别人来实现目标。她认为别人帮自己很正常，当对方不再对自己有用的时候，她会把对方排除在朋友之外。

第七个特质是缺少同情心。

当女儿哭和难过的时候，妈妈回应的是你应该坚强一点儿。她甚至没有共情地过去搂着她，关爱地问要不要紧。电影《山楂树之恋》中，女主角的母亲在女儿出现问题时，首先担心的，不是女儿痛苦不痛苦、伤心不伤心、有没有受伤，而担心的是别人知道了怎么办。当然，这跟当时的社会环境是有关系的，但是女儿此时会觉得特别伤心，因为妈妈关心的根本不是自己。

第八个特质是常常会嫉妒。

有很多妈妈甚至会嫉妒自己的女儿。当然，中国妈妈很少这样。

第九个就是傲慢，目中无人。

这九个特质是自恋的妈妈通常拥有的特征。

妈妈自恋，女儿就会努力地做各种各样的事取悦妈妈。但就算女儿做得再好，都不会得到自恋妈妈的欣赏，因为自恋妈妈的关注点在女儿没有做到的地方——挑毛病是这个世界上最容易做的事。

她说："你下次应该再努力一点儿，你这次刚刚得了一个区里的冠军，那么你下次要得市里的冠军。""你这次漂亮了一点儿，你下次应该更漂亮。"甚至有的家庭里，妈妈攒钱，给女儿送的礼物是做整形的手术费。

此时，女儿和妈妈之间的这种感情不是爱，是取悦和被取悦。

妈妈如果有自恋的人格障碍，会导致女儿出现下面的状况：

第一，总是觉得没人爱自己。

第二，总觉得自己做得不够好。

“白骨精”（白领、骨干、精英）工作的时候特别拼命，但自我评价很低，总觉得自己没干好，总觉得自己好像在假装一样。

女性容易过于谦虚，比如谢丽尔·桑德伯格在《向前一步》里写道，男人经常觉得自己是专家，女人却觉得：别叫我专家，其实我不是，我没有那么成功。有一位女士接受诺贝尔奖时的致辞是那么谦卑，把自己的贡献讲到几乎快没了，把一切荣誉都归于别人。

第三，女孩子经常觉得空虚，觉得心中空落落的，不知道该干什么。

第四，总是不自信。

如果一个女性在这四个方面有特别强烈的感受，就可以思考一下是不是妈妈和自己之间的关系存在一些问题。

母女关系的十根毒刺

卡瑞尔把与母性自恋有关的十种母女互动关系称为“十根毒刺”。

第一根毒刺是女儿总是想得到爱和赞许，但是却永远无法取悦母亲。

很多女儿在生气、抓狂的时候说：“为什么我怎么做，你都不满意？”取悦永远换不来满意。

第二根毒刺是母亲更在意事情看上去好不好，而不是你感觉怎么样。

有的母亲在孩子出门之前，会把孩子打扮得很漂亮，至于孩子穿这身衣服去运动到底舒不舒服她不在乎。

有的母亲不关心女儿工作开心不开心，只关心女儿工作的头衔讲出去好不好听。

有的母亲甚至要求未来的女婿怎样才看起来有面子、门当户对，或是符合大家的看法。如果女儿找了一个不高不帅的男人，母亲就不能接受。问题是，这个人可能更爱女儿。她不去关心谁更爱自己的女儿，她关心的是谁看上去更好看。

我还见过有的妈妈会以死威胁女儿，说你要是不跟谁结婚，我就死给你看。这就是母亲觉得女儿和谁结婚，自己才觉得好。表面上看，母亲过的桥比女儿走的路还多，但这背后是母亲在替女儿做自己的人生决策，这会给女儿造成非常严重的伤害。

第三根毒刺是妈妈嫉妒女儿。

第四根毒刺是不支持女儿的自我表达。

比如，女儿想跟妈妈谈一谈，妈妈找一个借口就走了。当女儿说出自己内心的恐惧和感受的时候，妈妈就哭、发飙，说："你们都不理解我，干脆都别管我，我之前做的事都白做了……"她用吵架的方式来解决这个问题，不会平心静气地与对方交流心中的感受。

第五根毒刺是所有的事都得围着妈妈转，所有的事一定是以她为中心的。

母亲是全家的女王。所有人都要跟着她的节奏，所有人都要配合她的计划。别人改变计划，她不会接受，但她改变计划，会觉得理所当然。

第六根毒刺是母亲在母女关系中缺乏同情心。

她只会对女儿提要求，只会说怎样会做得更好，但是对女儿的遭遇没有同情：不会搂着女儿，也不会给女儿一个依靠的肩膀。

第七根毒刺是妈妈没法处理好自己的情绪。

妈妈在女儿面前突然发飙，用大喊大叫、摔东西、摔门的方法解决问题，甚至打女儿。没法控制好自己的情绪，其实也是一种自恋的表现，因为她觉得为了我的情绪，我可以破坏周围的一切。

我见过个别在机场里突然大闹的女性。在那一刻，周围这么安静，有这么多双眼睛。按理说，她不会这么冲动，但是她管不了自己。她已经失控了，把个人情绪置于一切规则之上。

如果这根毒刺扎在女儿的身体里，女儿会更无助。因为女儿内心有一个文化的压力，就是指责母亲是大逆不道的，她的压力会更大。

第八根毒刺是爱挑毛病。

不光是针对女儿，母亲看到谁都会挑出毛病。

第九根毒刺是母亲把女儿当朋友。

有一种妈妈和女儿像是闺密，两个人看起来形同姐妹。母亲也乐于让别人把她们看作姐妹，打打闹闹，互相抢着衣服穿，讲一些闺密之间的私房话。

这是一根毒刺！虽然看起来很好，但会给女儿造成严重的伤害，因为女儿找不到母爱的感觉，只是多了一个玩伴儿。

更可怕的是很多妈妈还会把女儿当妈妈，多发于一些年纪比较大的母亲身上。母亲会在家里发脾气、不讲理、撒娇，要求女儿在她与父亲吵架的时候调停、评理、维护自己。当一个女儿充当了妈妈的角色时，这就着了道了！妈妈会更喜欢在女儿面前扮演孩子的角色。她的身体甚至会变得越来越不好，希望女儿多来照顾她。

这样的母亲，可能在她小时候就没有得到足够的母爱，她在女儿面前会以缺乏爱的状态来索取对她特别重要的那种母爱。如果母女之间的关系没有理顺，无论是朋友，还是反过来的母女关系，都会使真正的关系受伤。

第十根毒刺是母女之间没有隐私。

母亲认为自己当然可以看女儿的日记，随便打开女儿的包，听女儿和朋友之间的电话，去看女儿手机里的信息和资料，她觉得母女之间完全没有界限。她侵入女儿的生活，让女儿根本无法形成独立的人格。

这十根毒刺如果存在，女儿就会出现不自信，永远对自己要求高，只注重外表，过度在意外貌等很多问题。

自恋妈妈的六张面孔

怎么识别一个妈妈到底是不是自恋？卡瑞尔·麦克布莱德研究区分了自恋妈妈的“六张面孔”。

第一种面孔，叫作“浮夸外向型的面孔”。

《六人行》里钱德勒·宾的妈妈经常跟小伙子们乱开玩笑，参与他们的游戏，在任何场合都是中心。这种浮夸外向型的妈妈是典型的自恋型妈妈，剥夺了女儿应该有的位置。

这种妈妈在中国很少，但在家庭聚会时，也能够看到有的妈妈要让自己永远是中心。

第二种面孔，叫作“成就导向型的妈妈”。

妈妈要求女儿事事都要比别人强，一定要做到最好。她评价女儿是一个什么样的人，是通过女儿能够做什么来做出的。

当你说“樊登是一个什么人”的时候，第一种评价方式：樊登是一个老师，会讲课；是一个创业者，每个月能挣多少多少钱。第二种评价方式：樊登是一个正直、包容的人，一个有着社会责任感、对家庭很重视的人。

第一种是用一个人外在的东西来证明他在社会上的存在，第二种则是从内在进行评价。一个人只有充满了安全感，才能自然地用到第二种评价方式。

以此类推，我们评判孩子，是说宝贝特别聪明、成绩特别好、特别听话，还是说宝贝性格很开朗、特别懂得关心别人、善于与人沟通?

从内在评价一个人尤为重要。我觉得，孩子的成绩可能不是太好，可他善于与人沟通，也应该欣慰。可成就导向型的妈妈觉得这不能解决问题，女儿既要能够善于沟通，考试成绩还得是第一名。

第三张面孔，叫作“心身疾病型”。

妈妈总是柔弱，总需要人照顾。有的妈妈跟孩子讲，她的身体不舒服。孩子就带她去看病，做完各种检查，医生却说她没病。可妈妈说换个医院再检查，于是又做了一遍检查，结果依然是没病。妈妈还是觉得不可以，那就再看中医，中医号了脉也说没病……就算所有的医生都说没病，她还要求孩子带她去检查。

这样的妈妈往往缺少关爱，等女儿长大了，妈妈便去寻找补偿——去寻找被人照顾的感受。

第四张面孔，叫作“成瘾型母亲”。

比如说吸毒、酒瘾、家庭暴力，现实生活中不多见。

第五张面孔，叫作“不怀好意型”。

妈妈经常会欺负孩子，孩子表现得好的时候，她经常会出其不意地过来泼冷水，给一些打击，在公开场合又显得彬彬有礼、和蔼可亲。

第六张面孔，叫作“情感饥渴型”。

极端的案例是有的妈妈会跟自己女儿的男朋友谈恋爱。

无论是哪一张面孔，所带来的结果可能都让女儿有如下特征：

第一个是过度在意形象。有很多女孩子已经很瘦了，但是她们说“我还得再瘦一点儿，我还要去做削骨”。她们超出常态地节食，可无论怎样，一看镜子还觉得自己这里不好，那里不对。

看了这本书，我才理解了以前的一个段子：男人照镜子的时候，无论身材怎么样，都会觉得自己还挺健壮的；女人一看镜子，无论身材好不好，都会觉得“哇，怎么这么胖”。

这是有心理学依据的，女儿可能从母亲那里被过度要求，导致女儿觉得自己的形象不够完美，还要再美。就像一些演艺人员，已经很美了，还要不停地整容。

第二个是永远自我加压。自我加压的好处是出色、成功，缺陷是感受不到幸福。她觉得等自己有了哪种成就才能够幸福，没有的时候，就不幸福。一生都在要求自己做到下一步，才能够享受生活，但幸福是一种能力，只有当下幸福才是幸福。

最后一个是向外寻找补偿。很多好女孩没有找让自己这一辈子都开心的人做伴侣，而是找了一个“妈”——找了一个能够给她带来妈妈没有带来的感觉的人。

因为女儿没有得到母爱，所以她找对象会找一个宠着她的人。她并不爱这个人，但这个人对她足够好，对她逆来顺受。她以前被妈妈欺负，后来找了可以欺负的对象。她根本不是出自爱，而是出自依赖，或者欺压，能感受到自己的优势。她的婚姻未必会幸福。

四步走出自恋的深渊

《母爱的羁绊》提供了四个步骤，帮女儿走出妈妈自恋的深渊。即便有的妈妈已经去世了，这四个步骤也能对女儿有帮助。

第一步，首先要告诉自己，感受比外表更重要。

比如，老子在《道德经》里讲“圣人为腹不为目”。意思是说，吃东西吃饱就行了，不必把东西做那么好看，好看就是浪费。又如，有个地方住就行了，不讲究外在装饰。

这一点，孔子跟老子有区别：孔子讲究文质彬彬，人既要有文又要有质，才能够被称为“君子”；老子说文的东西不重要，有质是最重要的。

自恋的妈妈们过于看重文，女儿要学习建立起新的意识：外在的表现重要，但内在的感受更重要。

第二步，慢慢地从母亲身边独立出来。女儿可以尝试着搬家，搬到离母亲稍微远一点儿的地方。也可以尝试一些小事，不按照妈妈的想法去做。要慢慢地让妈妈知道，女儿是有底线的，有些事是自己的原则，女儿已经是个成年人了，应该自己来做决定。

第三步，治疗中，要和母亲和谐相处。

我以前参加过一个德国的心理学训练营，做家庭系统排列。在这个过程中，不要在心里说：“我原谅我妈妈了，虽然我妈妈很自恋，虽然我妈妈没有爱我的能力……”而是要感谢——感谢妈妈用她的方式把我们养大。在心里对妈妈讲讲感谢的话，有可能母女之间的关系就会逐渐发生变化。即便有的家庭，妈妈已经不在了，女儿也可以想象妈妈，并在心中对妈妈表示感谢。有很多女孩，在家庭里所受的煎熬让她无法理解妈妈，但如果想要达到自我治疗的效果的话，要努力尝试。

作者卡瑞尔提醒女儿们，对妈妈的理解，能够超越过去那种做一个不高兴的、受伤的孩子的感觉，它让你感觉自己已经长大了。

最后一步，要学会建立爱的体系。

妈妈自恋的习惯不能遗传下去，女儿要学会去关注自己的下一代。当女儿把这份爱给自己的孩子，而不是以自我为中心时，自恋的“魔咒”就会即刻被解除。否则的话，它会一代一代地传递下去，导致一代一代的女人都生活在内疚、减肥、痛苦和不满足中。

读这本书，我得出的结论是，一位女性，如果希望自己能够生活得内心富足、开心、快乐，一定要调整好自己和妈妈的关系。

在教育女儿这件事情上，父亲真的没有妈妈重要，尤其当妈妈是一个自恋型的妈妈时，父亲也会被她管束。

女性可以去做的事就是自己了解这些知识，必要的时候，带着妈妈去进行心理治疗。

我在家庭系统排列时，学到一个很不错的方法，可以帮助大家理顺母女关系：当妈妈表现出种种状况的时候，女儿要学会跟妈妈说“你是大的，我是小的”。这句话是有疗愈效果的。比如，妈妈跟爸爸出现一些情况时，女儿会意识到，这不归我管。女儿不在父母面前扮演父母的角色，不管父母的争执，只负责照看他们的健康。

此外，女儿不介入父母的生活，扭头出门，把爱给自己的孩子。这时候，女儿才能够建立一个独立、完整的自尊体系，而不会被妈妈的自恋所培养出来的那种剥夺的价值体系束缚住。

叛逆不是孩子的错：
叛逆时的特别关爱

《叛逆不是孩子的错》的作者杰弗里·伯恩斯坦，是美国有名的家庭教育专家。他经常出现在美国的公共媒体上，已帮助了 2000 多个叛逆的孩子和家庭重建亲子关系。

叛逆的孩子通常容易发脾气，喜怒无常，总是拒绝大人的要求，不接受大人的管教，人际关系也受到严重的挑战，经常气愤不已地大喊大叫，等等。

父母可能尝试过不理他、奖励他、贴小红花等很多强硬或柔软的方法，但都不太起作用。因为叛逆的孩子缺乏成熟的情感，他不能够理智地处理各种各样的挫折，不能够从错误中很快地吸取教训。简单地用这些处理成人的方法来对待他不会有效。

还有很多父母在孩子叛逆的时候说："没关系，这是一个叛逆期，叛逆期过了就好了。"实际上，消极、被动地等着孩子的叛逆期过去，孩子的叛逆可能会变得越来越严重，父母用这个借口放弃了自己去努力的可能性。有的人 20 岁，有的人 30 岁，我见过有人甚至 40 岁才开始回归家庭。

叛逆控制不好的话，除了回归家庭的周期会很长，还有很多叛逆的孩子最后会出现沮丧或者抑郁的情绪，甚至会导致犯罪。父母要真正地学习理解孩子的叛逆。

理解叛逆的孩子

《叛逆不是孩子的错》英文直译的名字是“用十天去减少孩子的叛逆”。作者所开发的十天的计划是在他本人已经拥有 25 年咨询经验的基础上完成的。

第一天，要搞清楚孩子为什么叛逆。

诱发一个孩子叛逆有多种多样的可能：他在学校里被同伴拒绝；学习遇到困难；与父母相关的问题，比如说父亲酗酒，母亲用暴力的方式管教他；外部的创伤，比如说性骚扰；对自己的外貌形象不佳的焦虑；兄弟姐妹之间存在的冲突；认为叛逆是一件很酷的事。

多种多样的原因会诱发叛逆，但是归根结底，所有叛逆的孩子都不知道怎样控制自己的想法和情绪，他们最需要的是帮助。

这时候，请父母永远记住：你一点儿都不孤独。那些在电视上看起来很棒，接受采访，或者看起来非常和睦的家庭，只是其中一面，另外的一面是很多家庭都存在着孩子叛逆的问题，只是多和少的问题而已。

你只要坚持下来，平静地面对叛逆的问题，坚持 10 天，你就会看到改变。第一天，家长要检查自己是否有以下行为：

对孩子微笑了吗？

眨眼睛吗？

有没有拍拍孩子？

有没有跟孩子站得很近?

对孩子说“我爱你”，跟孩子目光接触，然后拥抱他，点头、握手。

参加学校的会议。

给予表扬。

给予赞美。

敦促他上课。

安排他的生日聚会。

敦促他参加各种活动……

这些活动每做一项，就给自己一个肯定的评价。当你做到了以上所有的方面，即使你的孩子口头上不承认，也会在心里非常高兴和感激。

父母的消极行为，也可做如下检查:

有没有吼叫?

有没有嘲笑?

有没有讽刺、挖苦?

有没有打骂?

有没有忽视?

有没有唠叨?

有没有说教?

经常打断、羞辱孩子。

批评。

引发内疚。

刺激、挑衅。

撒谎。

跟其他家长说闲言碎语。

威胁。

贬低。

摔东西。

否定感受。

没有耐心。

不切实际的期望。

过于严厉的后果。

如果你检查以后，发现错的事做得太多了，也不要太难过。人非圣贤，孰能无过？让自己减压，父母对一个孩子的行为和态度以及生活方式对孩子的影响是最大的。所以，照顾好你自己才是对孩子负责的行为。

父母可以锻炼身体、看电影，和家人处好关系，让自己的状态变好。当你放松时，孩子的叛逆就会减轻。

你的孩子需要你帮助他克服叛逆行为。

第二天，要学会理解叛逆的孩子。

没有父母会说不爱自己的孩子，但是大部分家长并不理解自己的孩子。

叛逆的孩子几乎都会觉得不被家人理解，家人也确实不明白他们为什么要那样，理解是最有效的消除叛逆的方法。

倾听是关键，父母不要带着评判听孩子说话，不要总是想给他建议，说应该怎么样。这种话讲出来的时候会让孩子放弃讲述，因为你又开始“上课”了。如果你不表达出理解，孩子会感受不到你的爱。

要减少自己内心的负面情绪，要多看到孩子的优点和积极面，你才能够耐心地倾听下去。很多父母之所以不愿意倾听，是因为他们一听孩子讲话，就已经有结论了。总下结论叫作“不会聊天”。

要保持一个良好的倾听状态：第一，不要给予未经请求的建议，孩子没有问你应该怎么做，你就不要说“你应该怎么做”，这种话不是倾听的语言；第二，不要轻易跟孩子谈论家长自己的感受和经历，孩子在讲他的事，你却在想讲你的事，这是倾听的大忌；第三，别忽视孩子的感受，让孩子觉得他的痛苦并不重要。

有一天，我儿子早上起来发现他的书包前一天放在我们另一个家里，没带回来。他紧张得要命，觉得没有带书包可怎么上学，眼泪都快掉下来了。

他妈妈说：“这有什么好哭的？你为这么小的事就哭，将来怎么做男子汉？”这就是忽视孩子的感受，会让孩子觉得更加委屈、更加难受，他的表现会更糟糕。父母没帮他快速从难过中走出来，导致孩子事后不再向父母倾诉。

要想做到良好地倾听，得蹲下来或者坐下来，认真地跟孩子有眼神的交流，耐心地听孩子讲，多问一些开放式的问题。

第三天，要做的是在大喊大叫的陷阱边上学做情绪教练。

很多家长习惯于用喊叫的方式来管教孩子，因为太有效了。孩子很小的时候，父母只要大喝一声，小孩儿就会立刻愣住。从此，父母只要一喊、声音一高，孩子就听话。只要父母的声音不高，孩子就不听话，因为他等着父母喊他。他认为只要不喊他，一切就是正常的。他并没有学会哪些是对的、哪些是错的，他并不知道这件事情的边界在哪儿，只是凭家长的吼叫来判断事情的正确性。

经常采用大喊大叫的方式教育出来的孩子，很可能会有对别人人身攻击、语言攻击或者缺乏积极的行为表现。父母大喊大叫的时候，孩子其实找到了父母的弱点，成功地干扰了父母，并且他也学会了大喊大叫。

大喊大叫的诱惑就在于它看起来非常有用，但它导致孩子怀疑父母到底是不是爱他。它让孩子觉得特别孤独、害怕。只要父母一翻脸、声音一高、一拍桌子，孩子立刻会觉得父母不爱他，他会把自己的一切错误都归咎为“反正你不爱我”。

他会用叛逆的办法来跟父母对抗，这就是父母越喊，孩子叛逆得越严重的原因。

我们想象一下，假如配偶或者你的领导每天冲着你大喊大叫，你觉得你能改好吗？反正我的经验是不会，我的经验是想办法对抗，证明我是对的，或者我做这件事不让他知道，等等。

当你想大喊大叫，表达自己内心的愤怒时，你可以先告诉孩子：“我现在真的快要疯掉了，在我平静下来之前，我得先处理好我自己的情绪问题。”跟孩子说完，就去干自己的事。

找到大喊大叫的原因是解决问题的关键。一般有如下原因：一是来自遭受强烈挫折的反应，觉得自己无能，怎么连这件事都搞不定；二是我的父母这样对我，我也学会了大喊大叫；三是大喊大叫已经成为一种习惯；四是大喊大叫是唯一的选择。

想要避免大喊大叫，要学会做一个倾听者，通过理解让自己平静下来。

要意识到自己愤怒的信号，让自己冷静或者先离开，等自己平静的时候再处理这个问题。

用轻声细语来替代大喊大叫，声音越小，威力越大。当你把孩子拉到一边，小声地、认真地跟他说话，会比你大声地喊他，更容易让孩子听得进去。

还有一些奇招，比如，想象一下你家正在做电视直播，像真人秀一样，到处都有摄像机。这时候，你会喊吗？会在十几亿观众面前疯狂吗？在这一刻，你会冷静。

还有就是想象一下美国总统就站在你身边，你还会喊吗?

还有一个挺绝的招，就是想一想这是你最后的日子。假如这是要离别的日子，你还会这样跟孩子度过今天吗?

当你能够用这么多的方法去提醒自己的时候，大喊大叫的习惯会逐渐减少。这时，一个很有意思的现象出现了：你减少了大喊大叫，孩子更容易关注你所说的话。

这一点我深有体会。比如，我儿子的书包忘带这件事，我送他上学的路上拉着他的手，一边走一边跟他谈心，发现时间有点儿紧张了，差几分钟就要迟到了。

我问："你觉得今天咱们为什么可能迟到呢？"

他说："时间可能浪费在哭上了。"

我说："那你觉得哭有用吗？"

他说："哭其实没什么用。"

他接下来问我："爸爸，什么情绪才有用呢？"

当他跟我讨论什么情绪才有用时，我说："有用的情绪是乐观的情绪、积极的情绪、正向的情绪，这种情绪会有用。沮丧、痛苦、抱怨、难受，通常是没有用的，而且会使事情变得更糟糕。"

他听着听着，就很高兴地跟着我去上学了。

当父母轻声细语地跟孩子讲话的时候，他几乎记得住父母说的每一句话。

超越权力之争

第四天，要超越权力之争。

权力争夺是孩子认为他有权力这么做，而父亲认为"你必须听我的"。

我的一位朋友有一个 4 岁的女儿。有一天，他女儿把一个香蕉皮扔在地上，就去玩了。爸爸让女儿把香蕉皮捡起来，女儿说不捡。爸爸说必须捡，否则别的都不能玩了。

女儿去看电视，爸爸把电视关掉；女儿去看书，爸爸把书收起来。女儿拿一个水果给她爸爸吃，她回避那个香蕉皮，但想和爸爸缓和关系。爸爸说："对不起，我现在不能吃，因为你没捡香蕉皮。"女儿"哇"的一声就哭了，这就是典型的权力争夺。

没有什么比你和叛逆的孩子之间进行权力争夺更加糟糕的事了。权力争夺战通常非常激烈、情绪化，而且可能丑态百出，往往落得两败俱伤。

你以为你在坚持原则，其实，只是你的心在受输赢感的控制。

叛逆的孩子对自己有什么权力抱着不切实际的期望，他认为自己跟父母是平等的，才会有权力争夺。权力争夺之后，他会强烈地感觉到父母不爱他。

避免权力争夺的重要工具叫作“无条件的爱”。无条件的爱就是无论发生什么情况，都要让孩子知道，爸爸妈妈永远是爱他的。这时，父母跟孩子之间不需要进行权力争夺，遇到任何问题都可以共同协商来解决，因为目标是一致的，大家的目标都是爱这个家。

父母越是放弃掌控权，对孩子产生的积极影响就越多。有这样一句话：“放弃对孩子的控制才能获得更多的掌控权，不要强迫孩子听话，孩子才会开始听你的话。”

如果父母让孩子知道他是自己人生的主人，他可以做出选择，父母只是给出建议，孩子可能就会更愿意接受父母的建议。

超越权力之争，父母要改变心态，记住：应对叛逆孩子时，不要操控他，而要赋权，让他自我感觉良好；当你心平气和、果断而坚决地表达你的看法和信念的时候，你的孩子更可能会听；没有哪个成年人讲过由于父母太理解他们而度过一个可怕的童年。

改变你的心态后，学会给孩子选择权。

告诉孩子不同选择的结果，冷静、坚定地提出具体的要求，而不是跟他进行权力的争夺。《叛逆不是孩子的错》这本书里有 19 个秘诀：

1. 想一想“预防”，也就是在平静的时候多加强沟通和爱；

2. 思考用回应代替反应；

3. 尝试把自己悬在天花板上来看孩子；

4. 注意时间和过渡；

5. 观察你在做什么示范；

6. 注意你的情感节奏；

7. 一直坚持你的界限；

8. 说出你的想法后就走开；

9. 有礼节地提出要求；

10. 想一想“妥协”；

11. 避免负面标签；

12. 顾及你的自信心和自尊心；

13. 运用幽默；

14. 用恰当的方法向孩子表达他有权力；

15. 记住少说为妙；

16. 给予选择，并且要求选择；

17. 说“我理解，但是”；

18. 给你的孩子赋权；

19. 不是每件事都会引发权力之争。

在我家，当我和嘟嘟有可能面临权力之争的时候，我的办法就是共同制定规则。比如玩手机，我说：“嘟嘟，你觉得玩手机怎么样是合适的？前提是爸爸要告诉你它的危害性，第一是对眼睛不好，第二是我怕你上瘾。上瘾之后会导致你没心思干别的任何事，那样的话，你的人生就完蛋了。”

讲完后，让他来选择，他自己定的是每天最多玩五局游戏，超过五局就一定把手机还回来。

有时候，他一天一局游戏都没打。他并不需要父母每天一定盯着他玩够这五局才行，因为他很放松，他觉得这不是一件敏感的事。

反过来，如果他只要一拿手机，我就非要让他还给我。产生这种权力争夺后，他会觉得玩手机是一件特别过瘾的事。很多孩子后来就变得玩手机特别上瘾。

强化积极转变

第五天，要强化孩子的积极转变，懂得夸孩子，要在他做对事的时候告诉他为什么是对的。

口头表扬的方式特别有助于塑造孩子的行为。不要轻易用物质来进行“贿赂”，千万不要以为给他买一双鞋就代表了表扬。你给他买双鞋，他未必知道这件事好在哪儿。最有利的奖励是简单的、没有任何成本的口头表扬：

· 表扬的时候，态度一定要真诚。

同一件事情不要重复提及太多次，别让孩子觉得不舒服。

· 表扬的时候说出事实。

比如说：“今天早上，咱们在时间那么赶的情况之下，你还能够坚持不迟到，这说明你特别重视不迟到这件事，你是一个守时的孩子。”

· 表扬越及时越好。

· 表扬要多样化和见机行事。

不要吝惜你的表扬，认为对孩子表扬过多会让孩子骄傲是过虑了，很多父母的眼睛整天就盯着孩子的错误。

此外，父母可以邀请孩子来做一个游戏，让孩子参与设计一个奖励池。表扬可以出乎意料，但你答应的奖励一定要给孩子。除了表扬孩子，偶尔表扬自己一次也是很不错的，也会让自己更有动力。

第六天，要依靠纪律来约束。

孩子被表扬了很多次，逐渐出现了很多正确行为，也与你建立了亲密的感情。接下来要有可靠的纪律，可靠的纪律是关爱和理解。当孩子感受到了父母对他的关爱和理解的时候，他会倾向于不轻易犯规。

不肯悔改有时候是叛逆的孩子伪装自己的一种表现方式，比如说，他有时候特别需要得到父母的关注：感到自己的能力不足、想要报复、充满嫉妒、感到害怕、身体不舒服。

使用后果惩罚不会有好的效果，因为孩子对惩罚强度已经逐渐适应了。父母为了达到一定的效果，会变得越来越严厉，惩罚逐渐升级，甚至失控。同时，孩子的恐惧、愤恨、痛苦会淹没他们学习的潜力。

正确的方法是学会换位思考，这才能让孩子承担后果的同时又做到“非控制”。

比如说，哥哥打了妹妹，爸爸如果大喊“你给我立刻回房间”，这就是控制的手法，爸爸表达的是自己愤怒的情绪。哥哥有可能被吓坏或者哭，离开房间，甚至影响他和妹妹的关系。

非控制的方法是说：“你刚刚打了你的妹妹，我感到很担忧，我希望你回到房间想想自己的行为。等我们大家都平静下来后，我们再来讨论这件事。”这样，你给出的是建议，是非控制的手法。

纪律约束有一些注意事项：言行要一致；孩子出现不当行为后，要及时给予纠正，或者做出处罚；愿意协商。

想要发挥出最佳管束孩子的能力，还要树立好的榜样；设定限制，但别强加太多规则；制定家庭规则时，尽可能让孩子多参与；帮助孩子理解规则以及破坏规则的后果；私下给予回应；告诉你的孩子你多么爱他；做积极行为选择，比如帮孩子从错误里学到人生经验。

我想特别强调的是，惩罚结束之后一定要告诉孩子：“我不喜欢的是你刚刚的那个行为，而不是你这个人，爸爸妈妈无条件地爱你。”只有无条件的爱存在，惩罚才会有效。否则，惩罚会成为孩子叛逆的理由和借口，他最后会说“我之所以叛逆，就是因为你们根本就不爱我”。

纪律是靠爱来维系的。

爱也需要纪律，如果父母没有纪律，不能够回应叛逆孩子的错误行为，父母就会失去威信和孩子对父母的尊重。

当下，纵容型的家长导致的叛逆性的孩子和专制型的家长导致的叛逆性的孩子一样多。很多家长小时候被父母管得太严了，所以对孩子过度纵容。

温柔但是有边界永远是孩子真正需要的原则。有两个长得很像的名人的孩子在看守所相遇，两家的管理方式完全不同，一家是完全纵容，一家是严格控制，孩子都没有很好地成长起来。这其中根本的原因是父母都没有完成无条件的爱和给孩子边界的责任。

调动全面支持

第七天，要调动家人的支持。

不要仅靠你一个人跟孩子互动，你的配偶、家里的老人、你的兄弟姐妹都可以加入与孩子的互动。单亲家庭也一样可以想办法获得更多亲友的支持，让大家都融入孩子的生活。

作者杰弗里给了建议：父母之间要结成联盟，夫妻关系要远远优于亲子关系；综合运用策略；做让大家一起开怀大笑的事，比如全家一块儿看电影，一块儿做拼图游戏，一块儿搭乐高，一块儿猜字谜，一块儿出去春游、野餐。

第八天，要减少孩子在学校里的叛逆行为。

孩子在家里和在学校里的表现是不一样的，有的叛逆孩子会在学校和老师、同学争执，逃课、不做作业，不参加班级活动。

老师对学生的自我认知的影响是巨大的。叛逆的孩子很难适应并且管理好他们的挫败感和其他情绪。他们通常会向那些让自己感到威胁的老师和同学发起攻击。他们不停地告诉自己和他人“老师是不公平的”，以此来确认自己的感觉。这未必被界定成说谎，因为这就是叛逆孩子当下的感受。

当老师向你反映孩子有纪律问题的时候，你可以用如下方法：

· 保持冷静、坚决和非控制的态度；

· 积极、主动地了解更多的情况；

· 参与其中，成为解决问题的伙伴，而不是认为“这事不归我管”；

· 找专业人士进行沟通和请教；

· 对自己想要什么有一个清楚的认识；

· 告诉老师，他需要了解你的孩子的哪些方面；

· 表扬老师；

· 支持学校的工作而不恼火。

你如果能够做到这几点的话，孩子在学校里的问题，老师会更愿意帮你来解决它，你和老师会有很好的互动。

第九天，要克服顽固性的障碍。

比如，孩子注意力缺失、抑郁症、焦虑、酗酒、有健康问题，诸如心悸、肠胃问题、头痛、肥胖、失眠等。

遇到这些情况，要寻求心理医生等专业人士的帮助。

第十天，要从长远来看，以减少叛逆的行为。

孩子的叛逆可能会反复，一段时间状态好了，过一段时间又出现叛逆。当孩子用叛逆来试探你的耐心的时候，请你不要失去信心，坚持下去，不要恐慌，思考自己的价值，保持前进的步伐，承认自己的不足，远离消极、质疑的陷阱。对孩子始终保持宽松的态度，邀请老师、家人共同参与。同时，也不要忽视你自己的业余生活。当你有了精彩的人生时，孩子才会感受到真正安全。

我总结这十天行为的关键原则是不要试图控制孩子，不要试图用强权来“屈打成招”。

解决叛逆最好的方法，是了解他为什么要叛逆，倾听、尊重他，给他选择权，跟他一块儿制定“我们到底应该怎么做”的规矩。

要看到他的优点，表扬和肯定他，教他养成更多正确的行为习惯。最重要的是避免权力上的争夺——父母不应该跟孩子是权力争夺的关系。父母应该是帮助孩子的角色，当孩子会崇拜父母、喜欢父母的时候，他才更愿意跟父母在一起。

爱永远是最重要的一件事，要做到无条件地爱，父母自身的独立、完整的自尊体系很重要。当父母有独立、完整的自尊体系的时候，才不会轻易被孩子小小的叛逆行为激怒。大的叛逆都是从小的叛逆开始的，小小的叛逆能激怒你去骂他、打他，孩子会变得越来越叛逆。这就是种瓜得瓜，种豆得豆。当你能够冷静，而不会轻易发飙，你能够和颜悦色地跟孩子谈话时，孩子一定会发生改变。

好妈妈胜过好老师：
爱、自由、信任的艺术

培养孩子的自觉意识

樊登：尹建莉老师是超级畅销书《好妈妈胜过好老师》的作者，她影响和帮助了太多的中国家庭用爱和自由来养育孩子。她也总能够用简单、温暖的方法解开家长们的难题。很多家长有这样一个棘手的问题：孩子写作业得有人陪，怎么办？

尹建莉：陪是不对的，不陪才能培养好习惯。如果家长从一开始就认为孩子写作业是需要陪的，那孩子的自觉意识就无从生长了。

家长的目的是培养能够自觉学习、独立地做自己的事情的孩子，目标一定不要放在陪上面，再好的陪也不如培养孩子自己独立地去做事。

有的家长说："我的孩子已经没有自觉意识了。"我认为培养孩子的自觉意识，任何时候开始都不晚。

我女儿刚上一年级，我就希望她能够学会自觉地写作业。

她刚开始不习惯，经常忘写作业，我会适当提醒一下。过了一段时间，我觉得提醒本身就是不对的。我跟女儿谈了一次话，我说：“宝贝，你是一名小学生了，每天都会有作业，作业也是必须天天写的。以前，妈妈总是提醒你。以后，你自己管理作业，妈妈不提醒你了，行不行？”

一般情况下，孩子都是愿意答应的，我女儿也答应了。

她第一天确实能够自己写作业，后来的某一天，她忘了。我尽量不去提醒她，因为我说过以后不再提醒，但我这并不是要惩罚她。

她躺在床上的时候，突然想起来忘了写作业。

很多家长在这种情况下，会生气、批评。

千万别这样，孩子难免犯错误。如果不希望孩子犯错误，就永远别在他犯错误的时候去指责他，你只要帮他想办法改正就行了。

女儿想起来的时候慌了，我说：“没事儿，宝贝，谁都会有忘记事情的时候。”我先是在情绪上安抚了她一下。

她爸爸在旁边急了，说：“赶紧起床来写作业吧。”

爸爸一说，孩子马上表现出不情愿。

我马上说：“宝贝，如果你想今天写，就今天写；如果你今天不想写，明天早晨妈妈早点儿叫你，早晨写；如果你明天早晨也不想写，这次作业就别写了。”

她肯定不敢选择第三种，也不愿意第二天早晨起得太早，想想还是现在就写吧。

最后，这个决定是她自己做出来的，她就没有抗拒性了。

在培养孩子自觉意识的过程中，家长要稍微拿捏一下，把工作做到孩子心里面去，家长还要不断地强化孩子的自觉意识。

孩子得过一次教训后，并不能够保证后面永远就记住写作业。我女儿后来又犯过类似的错误，我还是采取类似的做法。几个回合下来，孩子写作业就再不用管了。

采取正确的教育方法，父母其实一点儿都不痛苦。关键是要从正面去强化：他做得好的时候，父母要表现出鼓励；如果他做得不够好，不要过分地指责。

樊登：尹建莉老师是当时为数不多的硕士毕业后去小学教书的人，您有一个观点说最好的老师应该做小学老师。那么，对您影响最大的教育理论是什么？

尹建莉：我本身就是学教育学的，教育学是一门系统的科学。它涉及儿童成长的方方面面，不容易谈某一个具体的理论对我影响最大。但经过多年的工作经验和大量教育学、心理学的学习，我把理论落地了。

我觉得小学更需要好老师。或者说在小学，更能够实现我的教育抱负和教育理想。

小学老师非常重要，小学是一个人打基础的关键年龄段。通过观察，一个孩子如果在小学不能够建立学习的自信、做人的自信，上中学后很难反转，也可能这一辈子都很难。小学学习好的同学，后来也都一直比较好。

樊登：《好妈妈胜过好老师》有一段推荐语非常打动我，是尹老师的一位老同学写的，说：“我原来只看到我的孩子和你的孩子之间的差别。自从看了你的这些文章，才发现这差别原来是在我和你之间——作为母亲，你是把孩子精心教育大了，我其实只是把孩子养活大了。”

尹建莉：这确实是我一个老同学写的话。

当时，我把《好妈妈胜过好老师》写完，还没正式出版。老同学的孩子当时在读高中，不想学习，想离家出走。

老同学很痛苦，我就把书的电子稿给她看，她说：“天哪，跟你认识这么多年，我根本不知道你有这样的思想。你彻底颠覆了我过去对孩子的认识。”

其实，孩子原本基础还是不错的，初中时也不错，但上了高中后，跟妈妈发生了激烈的冲突。孩子学习的时候，妈妈经常假借送水果、送杯水去“侦察”孩子。妈妈越是期望高，孩子就越不愿意学习；孩子越不愿意学习，妈妈就越给孩子压力。最后，孩子彻底不学习了。

看完书稿后，我的老同学彻底改变了自己对待孩子的态度，这是最根本的改变。此后，孩子一年多的时间发生了天翻地覆的变化。原本以为孩子考不上本科，但这一年孩子非常自觉，后来考了一所非常理想的重点大学，学校的老师都非常惊讶。

其实，家长只要改变态度，孩子发生改变的难度就会小很多。

樊登：家长用什么样的态度来对待孩子才是正确的？

尹建莉：教育孩子的三个要素：第一是信任，第二是自由，第三是爱。

很多家长对孩子的控制源于恐惧和不信任，如果能真诚地相信他是一个好孩子，用非常正常的眼光去看待孩子，孩子就一定会成长得很好。

还要给他足够的自由，自由是非常重要的成长营养剂。没有自由的孩子，无力去发展自己，也没有完善自己的空间和时间。

正如我们回答为什么不能陪孩子写作业，如果家长天天陪孩子，孩子就无力在写作业这件事上把控自己了。一个作业都无法独立完成的孩子，就更激发不出对学习的热爱了。

有的孩子被强迫弹钢琴，这种强迫的方式是一种伤害，父母陶醉在自己的执念中。当父母用强迫的方式让孩子弹琴时，当下所见是孩子真会弹了，爸爸很陶醉，但他没有想到背后的伤害有多么深远。看似在培养毅力，其实是从根本上毁坏了毅力。

有种伤害是在 10 年、20 年甚至 30 年以后，才能够被看见的。父母和孩子之间的爱被破坏了以后，孩子一辈子都不会有能量。

如果父母跟孩子的交流中，父母的主观愿望是好的，但孩子接触到的是不爱的信息，或者孩子感觉父母爱的是成绩，而不是自己，那就南辕北辙了。

天底下的父母亲都希望孩子变好，但为什么有的孩子离家出走，甚至做法更极端？这些家长的背后可能有一个更可怕的家长，伤痛累积，直到爆发。

教育的链条一代一代形成，健康的家庭惠及三代，尤其是妈妈对整个家庭文化的影响最为深刻。如果一个母亲心理健全，她的孩子也自然健全；如果一个母亲心理病态，孩子就有可能病态。病态的孩子又可能把病态传染给下一代。

信任、自由和爱，是最重要的基石。

要比孩子更爱动脑筋

樊登：信任、自由、爱是态度层面特别重要的事情，在方法层面，您觉得一个母亲还应该做对哪些事？

尹建莉：要多动脑筋。遇到事情，不要跟孩子死磕。

有的家长问我："小孩儿不听话，老跟我闹别扭，怎么说都不管用。"

我问他："到底有多大的事，你给我举一个例子好不好？"

他说："我家住在五楼，楼梯扶手很长时间没人擦。最近，孩子每天下楼都要用胳膊肘夹着楼梯扶手溜下去，衣服都被弄脏了。我不让她这样弄，她非得这样弄。打也打了，骂也骂了，就是不听。"

我说："为什么要用打骂的方式？问题的解决何其简单。您和孩子一人拿一块毛巾，从五楼擦到一楼，既做了公益，又可以让孩子尽情去玩了。"

还有家长问："家里的孩子才 11 个月，爱捡马路边的树叶。小区的树刚喷了农药，孩子又喜欢吃手，捡完树叶就吃手。我不让捡，孩子就哭闹。每次出去都为这件事苦恼。"

这在我看来，是很正常的一件事情。我说："带一瓶水，洗洗手或者洗洗树叶，或者带个湿纸巾给他擦擦手，多简单呀。没有必要因为这点儿小事，就跟孩子发生严重的冲突。"

家长知道树叶上有农药，但孩子那么小，就是听到"农药"这个词也理解不了。所以，家长必须站在孩子的角度，去体会一下孩子的视角是什么。

一定要学会向孩子妥协，我们千万不要觉得家长一切都是对的，千万不要认为孩子必须是家长的附属品。在教育孩子的过程中，不是家长永远要指点孩子，而是家长想办法去提高自己的修养。学会做父母比知道怎样去指点孩子更重要。

樊登：孩子的作业多得做不完，家长如何动脑筋？

尹建莉：帮孩子写作业是方法之一，我就亲自上手替女儿写过作业。

她小的时候，老师偶尔留一些没有意义的作业，比如把 10 个生字写 10 遍，共 100 个字。

我对女儿说："宝贝，妈妈读，你写。如果妈妈读这个字，你能写出来，就写一个就行了；如果不会写，写三个就行。"

三个足以记住了，当晚，她写了十来个字就完成了作业。

孩子的时间也是时间，孩子的精力也是精力。让孩子把时间消耗在写 100 个字上，不如省出时间来阅读、玩耍，她不仅能获得更多的快乐，还不会对学习本身产生抵触心理。

这并不是教孩子作弊，相反，这才是教孩子实事求是地面对学习。实事求是地面对学习是非常重要的心理素质和学习素质。

很多孩子从小没有学会实事求是地面对功课，精力被多余的作业浪费了。孩子就无力去掌控自己的学习，更不会分辨哪些东西是需要学的、哪些是不需要学的。

我女儿的学习效率特别高，她每天的作业一会儿就写完了，拉二胡、玩耍、读小说，什么都不耽误，因为她能够很好地分配自己的时间。我给她省了很多时间，她面对学习是非常诚实的。

比如说，假期的作业特别多，我觉得假期本就不应该留作业，有一些不想写也可以不写。

有一次开学，她问我："妈妈，怎么办，开学以后要查作业？"

我说："没事，还剩三天的时间，妈妈帮你一起写。"

我开始布置，哪些是她需要写的，就自己写一下；不需要写的，我来写。

让孩子去管理自己的学习，核心是“这是我的事”。现在的家长插手太多了，孩子今天有一天没好好写作业，就急了，或有一道题做错了，也着急了。

我们不要在孩子学习上过分计较。我女儿学习一直很好，她16岁高考，分数超过了清华录取线。后来，她在美国常春藤盟校读书，毕业后工作。上小学的时候，她同学经常考双百，很荣耀，但她没考过一次双百。

我无所谓，我不要求她做得那么完美，我觉得错误是难免的。

她是个正常的孩子，经历了正常的家庭教育以及学校教育，她对自己学什么专业、上哪所大学目标明确。

我从小没打骂过女儿，有人觉得奇怪，其实一点儿都不奇怪，没有什么错误是需要打的。

我女儿刚2岁时，我买了一瓶很贵的擦脸油。她想模仿我，趁我没注意，一个人站在梳妆台前，用小手弄出来一些抹在脸上，觉得美美的，把一瓶擦脸油全“祸害”了。

有的妈妈有可能气坏了要打孩子几下，我看的时候觉得太可笑了。我说：“别动，妈妈给拍张照片。”我拿着相机给女儿拍了张照片，这是个多可爱的影像！

一个很美好的回忆和一瓶擦脸油的价值比，珍贵太多。

如果所有的孩子在父母的眼中都是没有问题的，那该多好。当孩子犯了错，自己都觉得不好意思的时候，你都可以找一个理由让他宽慰。

这绝对惯不坏孩子。有一个错误的观念，是说孩子别给溺爱坏了，大家对爱反而有了一种恐惧。世界上没有溺爱，只是有一些爱的假象。所谓的“溺爱”包含着很多的控制，比如强行给孩子喂饭，是因为你不信任孩子能自己知道饥饱，那绝不是爱。那是披着爱的外衣，对孩子的强力控制。这种控制最后会严重地伤害孩子。

樊登：有人说，不要太惯孩子，万一他将来杀人、放火怎么办？能联想孩子杀人、放火就是不信任自己的孩子的表现。

正常的孩子怎么可能杀人、放火？杀人、放火的根本原因是他心中充满了恨。比如，他从小就跟父母的关系不良，一直在心中累积恨。

很多父母坏起来的时候，对待孩子跟对待敌人差不多，简直可怕。家长要用健康的态度来对待孩子。我儿子有一次考语文，没考好，因为“攀登”的“登”字写错了，我的名字是樊登。

他回来后，特别不好意思，说：“爸，我今天写错一个字，把你的名字写错了。”

看到他的样子，我觉得特好笑，我说：“你知道你这个做法，在古代很高级吗？”

他说：“为什么？”

我说：“古代有‘为尊者讳’和‘为亲者讳’。《红楼梦》里，林黛玉读书时将‘敏’字念为‘密’，写时又减一两笔，便是因为她妈妈的名字叫贾敏，这是‘为亲者讳’。你很高级，还创造了一个新字，特别有意思。你上学时可以跟老师讲，说‘登’字必须这样写。试试看。”

他说：“那我可不敢。”

他就再也忘不了这个字了。

孩子在父母的眼中有问题，他才有问题。

每一个孩子在出生的时候都是天使，都充满着机会。

人和人的智商，根本没有太大的差别。从心理学上分析，人都是向上、向善的人。即便出于自私，要保证自己活得好，他也必然要发展出一种向善的心理。因为只有美好的东西才能够使他在这个人世间生存，比如协调跟别人的关系，让自己做得更出色一些。

这些基本的东西，是人们经常忘了的。

家长怀疑人性，就生发出对孩子的控制。

家与学校，双面努力

樊登：家长对社会的惯性心存困惑，尤其是看到周围的人都在给孩子报培训班的时候。最夸张的是周末四个语文班、三个数学班，还有俩英语班。我说："孩子怎么能上得过来？"家长就回应了一句话："别人都这样，我不让上不行。"这种情况，该如何破局？

尹建莉：一方面想培养一个杰出的孩子，另一方面又做着平庸的、大多数人做着的事情。这怎么可能？

孩子是有无限可能的，家长的眼界却往往非常有限。所以，家长更需要学会权衡。

我女儿上小学和初中时，数学都没有学得很出色。

上了高中后，我女儿的数学明显弱，班主任老师建议我到外面给女儿报一个数学补习班。大部分家长听了之后，很自然就去找了。

我权衡了一下，觉得高中生的学习已经非常忙了。

女儿已经在满负荷学习，再去报一个数学班，路上一个小时，上课一两个小时，半天的时间就过去了。

其实，这半天完全可以用来学习数学或者学其他学科的知识。

我分析了她的数学，不是因为她笨，而是她一直对数学没有兴趣、没有自信。

我就想从激活她的自信入手，我对女儿说："你们班主任，也就是你们的数学老师说你的数学潜力挺大，但现在的成绩稍微有点儿不理想。你在这方面要多问问老师，多做做题。"

我女儿说："是吗？我数学那么差劲儿，老师还觉得我有潜力？"

我说："你们数学老师教过那么多年，还能看不出来谁有没有潜力？"

这当然是我的"演绎"，但如果我让她上补习班，会消解她的自信。在我看来，激活一个孩子的自信比给她花钱报班更重要。

樊登：我也用过这招，是用在别人家孩子身上。

我给成年人讲领导力的课，有一门叫"二级反馈"：要想塑造一个人的行为，就要表扬他，并且说原因。

有一个家长跑来问："关于二级反馈，如果找不到机会的话，能不能编？"他说，"我的孩子从外地到上海来读书，上海的孩子英语发音好，但我的孩子一读英语，大家都笑他。他总不读就导致逆向反馈了，就越来越不读了。我要表扬他，都没有机会。"

我说："你试着回去编一下。"

他就回去编。他对孩子说：“你们老师今天给我打电话了。”

孩子很紧张，问：“怎么了？”

他表扬了孩子一句：“老师说今天早上听见你读英语，发音已经变得越来越准确了。”

孩子说：“不可能。”

他当时也觉得这样没用。

可过了一个星期，他很兴奋地给我打电话，说孩子最近总读英语。在南通老家的时候，孩子对外婆说：“您知道吗，我们老师说我的英语念得越来越好了。”

其实，孩子宁可选择相信——孩子嘴上说不可能，心里却期望它发生，也在给自己励志。

我赶紧说：“你快去给老师打电话，让老师真的表扬他一下。”

老师就配合了，孩子真的越来越好了！

家长对孩子的管理为什么不见效？就是因为大家习惯于批评和打击，我们总觉得批评和打击会让孩子变得更好。

孩子的功课不好，往往是因为自信心不足。家长一定要激励他，让他变得有信心。

我儿子喜欢自学数学，虽然爷爷是数学教授，我数学也好，但我们都不教他。

他自己在墙上写方程式，二年级的时候，自己把分数的加减乘除全学会了，还幻想数学大战。

有一天，他问我能不能买一本《相对论》。我吓一跳，说：“你可能看不懂

《相对论》。”

他说：“我又没看过，你怎么知道我看不懂？”

他回答得非常好，我说：“行，给你买一本。”

我家的书架上就有了一本《相对论》。一个星期后，我问他：“看懂了吗？”

他说：“可能真的看不懂。”

看不看得懂并不重要，他知道了自己目前还达不到那个理解程度，重要的是他始终有自信。

我们建议家长，当孩子哪门功课的成绩不好的时候，不要第一个念头就是找补习班，第一个念头要激励他在这方面的自信心。比如，孩子的作文写得不够好，家长不要总说孩子写得不行，而是要暗示他写得还不错的地方。

樊登：很多家长通过学习，自己改变很多，但老人带孩子，教育观念很难扭转。这个问题在一个家庭里怎么办？

尹建莉：有可能的情况下，要让家庭结构简化、简单。

尽量不要和老人住在一起，虽然老人在生活方面可以关照，但从老人的角度来说，对他们也是一种不公平，老人也很累。

如果实在没有条件，只能住在一起，要尽量减少老人对孩子的干涉，毕竟教育孩子是父母亲的责任。

要好好跟老人谈一下，把权力收回来。

培养孩子受益一生的品格

樊登：书里有一章节在讲孩子的品格教育，品格教育中最重要的是哪几件事？

尹建莉：品格教育是一个人成长的基础、教育的基础。

如果一个孩子的品行方面出了问题，其他的都是空的，都没有意义了。

无论从教师的角度，还是从妈妈的角度，我都把品行、心理健康放在第一位。

我在书中写到一个例子，小朋友都会不小心跟桌子、沙发、茶几碰撞，很多家长习惯打沙发，我觉得这个动作虽然让孩子暂时高兴，但是传递给孩子一个信息，就是它是坏蛋，它撞了你，所以要报复它。这时，沙发或者桌子就站到孩子的对立面了。

我希望一个孩子的内心对这个世界是充满友爱的。这样，就会跟这个世界摩擦更少一些。

我女儿碰到桌子，我先给我女儿揉揉，安抚她，然后说："你刚才跟小桌子碰撞，它也疼。来，咱们一起再给它揉一揉。"我带着我女儿给桌子也揉揉，桌子就不是她的对立面了，而是成为她关心的一个对象、朋友。

我女儿从小没跟任何小朋友闹过意见，后来和同学、同事都相处融洽，她懂得用一种最朴素的态度对待所有人。

所以，在孩子的成长过程中，家长不要把孩子的斗争心态引入家里。先跟家具斗争，再跟所有人斗争。比如，教孩子说"坏爸爸，打爸爸"。

再比如，有的孩子说脏话了，有的家长一听就甩一个耳光。也不想想，一个耳光其实比一句脏话更恶劣。我女儿在幼儿园时，说了一次脏话，说完自己都不好意思了，一下扎进我的怀里。我故意让孩子觉得无所谓，哈哈大笑，说：“哎哟，没事，爸爸妈妈小时候说的脏话比你还多，长大也不说了。”此时，信任上场了。要信任自己的孩子不会成为一个满嘴脏话的人，她偶尔说一句真的不是问题。

家里没有说脏话的基础，她不可能说脏话的，我女儿很快就不说了。

我们对孩子进行道德教养、家庭教育、心理教育，最重要的是体会孩子接收到的是什么。虽然目的是让孩子不说脏话，但一个耳光甩过去，就做了一个极坏的榜样，孩子体验的是暴力、人格的屈辱。孩子确实做了一件不好的事，但父母用非常尊重的态度告诉他不好，他体验到被尊重，就学会了尊重他人。

越是内心强大的父母，在对待孩子这件事上就会越放松。

这种强大就是首先要信任孩子，如果不信任孩子，每天充满了担心和恐惧，会变得越来越焦虑。

有人说“棍棒底下出孝子”是中国的传统教育，我立刻就会反问：“这句话是我们哪一位先贤说的？”这个恶劣的说法和我们优秀的文化传统没有关系。被虐待长大的孩子，将来对待父母，大概有两种态度：一种是以牙还牙，等到父母亲老了，虐待父母；另一种是表现出过度的孝顺，完全放弃他自己。这样的孩子，内心永远没有一个平和的时期，总在极端发展，令人心痛不已。

反之，我们中国有句古语“忠厚传家久，诗书继世长”，这告诉我们，一个能赋予孩子学养和修养的家庭，所培养的后代也会优秀、文明。

樊登： 您书里写了一句话“小事情就是大事情”。

尹建莉： 教育中没有小事，都是大事。宏大的教育理论，大家听来都差不多，但实际上一个孩子怎样成长起来，全落实在小事上。家长所有的教育理念也都在小事中反映出来。

《好妈妈胜过好老师》之所以受欢迎，读者的反馈是能从细节中看见什么叫“教育”。

有一些教育是不成立的。我女儿上幼儿园的时候，老师布置图画展览。

我女儿把河流画成了粉色，里面还有小鱼游动。

我觉得挺好，女儿去幼儿园后，老师说画错了，这张画不能放墙上。

女儿很委屈，大部分家长可能也觉得就是画错了。可我觉得，画画没有对和错，不能用对和错去评判。如果用一种固定的标准来看，毕加索全画错了。

我并没有告诉女儿具体应该怎么画，我接女儿回家的路上一直想，回家又想怎么来引导她。

我说：“宝贝，水是什么颜色的？”

她想了想说：“白色的。”

我找了个红色的盆，接了水，说：“这是白的吗？”

她一看确实不是白的，就不知道该说什么颜色了，问我：“妈妈，你说是什么颜色？”

我开始倒水，清亮亮的水流下来，我说：“宝贝，水没有颜色，是不是？”

她说："水是透明的。"

我说："那你说，该画成什么颜色？"

她说："画成没有颜色。"

我说："那你用哪支笔？"

她不知道该怎么画了。

我说："宝贝，你看，如果要用一种准确的颜色和画笔，我们永远也找不到画河流的颜色和笔。画画其实就是只要你觉得好看，怎么画都行。它可以是蓝的，可以是粉的，可以是绿的，可以是黄的，只要你喜欢就行。"

经过我一番教育，女儿知道，错误来自成人固化的观念，画画是可以随心所欲的。

讲这个例子，并不是要批评老师。如果把责任推到老师身上，对孩子也不好。而是借由一个小插曲，让孩子看见了艺术是什么。

所以，教育在细节里，就看你怎么处理细节，最后给孩子留下了什么印象。

樊登：《好妈妈胜过好老师》最后一章叫"走出坑人的教育误区"。

尹建莉：这本书的销量只是一个数字，销量背后带来的是时代思想的改变。

书出版之前，开设多动症治疗门诊的医院特别多。

很多孩子都被冠上"多动症"的帽子，我一开始也认为真有这种病。

我的一个亲戚移民到国外，他们的孩子我特别熟悉，学习非常好，进了少年天才班。过了几年，突然听说这孩子被诊断为"多动症"了。

这对我们整个家族都是晴天霹雳。我想，孩子怎么会得多动症呢？这到底是个什么病?

我上网查多动症的诊断、成因、治疗。研究了各种信息后，我完全可以断定根本就没有这种病。

我给亲戚做思想工作，他说：“你不专业，北美医生都诊断出这种病了。”

我说：“哥，你不要相信他，你信我一次。”

为了孩子，我一直在争取。孩子每天都要痛苦地吃药，后来，他妈妈实在不忍心了，终于停药了。

这个孩子本科毕业后找到了不错的工作，生活、工作都很正常。

还有，书出版之前，大家普遍认为小孩儿背古诗没用，我在书中写自己是如何带着女儿去阅读和背古诗的。带来的变化是帮大家走出误区，传统文化以阅读又重新成为儿童生活非常重要的一部分。

樊登： 您还有什么计划？

尹建莉： 我现在致力于家庭教育研究。

以前，大家认为做父母不用学习。20 世纪 90 年代中期，《好妈妈胜过好老师》投稿，我拿着这本书走了十来家出版社。大家看不到潜力，一听说是家教书，都感觉没有市场。

《好妈妈胜过好老师》的出版带动了家庭教育市场的繁荣，人们看见了家庭教育的力量，发现孩子与孩子的差异不是选学校的差异，而是家长的差异。

我非常感谢作家出版社，尤其感谢本书的编辑郑建华，“好妈妈胜过好老师”是郑建华提出来的。2008 年，我们反复讨论书名。妈妈在很多人的印象中只是围着家人转，文化程度也没有多高。“好妈妈胜过好老师”的提法起初顶着很大的压力。

但实际上，孩子真正最需要的是一个专业的、能够拿出时间来学一点儿东西的家长。《好妈妈胜过好老师》出版后，我收到家长的提问有 20 多万条。现在，我做了一个微信公众号“尹建莉父母学堂”。现有 100 多位高级辅导员，他们完全理解我的教育思想，不断地精进自己的专业能力，能很好地帮到家长。我们还针对父母开发了线上课程和线上训练营，就是希望每一个家庭都能够变得更加平和、快乐，越来越多的家长让自己变得更好，陪着孩子一块儿成长。

忙碌爸爸也能做好爸爸：力量与温柔同行

我当爸爸之前总在出差，有一次去书店，看到《忙碌爸爸也能做好爸爸》一书，就马上买来学习。

作者布鲁斯·罗宾森是一位医学系教授、胸腔科医师。医生的生活节奏非常紧张，我见过很多医生，随身带着通信设备，只要一有事情，立刻就往医院跑。

同时，布鲁斯·罗宾森还要做研究、带团队。他还是三个孩子的父亲。在这种情况下，他在澳大利亚成了好爸爸的楷模，很多爸爸都向他讨教怎样教育孩子。

爸爸给一个家带来了什么

爸爸为家带来了安全感、无条件的爱、价值观，还有热爱学习的探索精神。

第一，爸爸为孩子带来安全感。当一个爸爸的角色在家庭中缺失，或者当一个爸爸的角色在家庭里变得疏远、暴力、让孩子害怕，孩子心中并不爱他的爸爸或者并不敬佩他的爸爸的时候，这个孩子会极度缺乏安全感。

有的演艺人员的孩子误入歧途，可能源于父母往往一出差就是一年，爸爸根本就不在他们的身边。虽然物质环境很好，妈妈也很好，但孩子的安全感彻底被破坏掉了。

第二，爸爸给孩子无条件的爱。要让孩子感觉到无论发生什么事，爸爸都在。这会形成孩子内心的能量，帮孩子走得更远，创造更多的成功。

第三，爸爸让孩子理解生活的意义，树立正确的价值观。价值观是孩子的心里相信什么。一个孩子是相信金钱、暴力，还是相信个人的成长、团队的力量；是怀着那种不得已才去工作的心态，还是他相信自己可以为社会创造价值，觉得探索世界是一件美好的事。

这些影响都来自父亲在孩子年幼的时候的陪伴和帮助。很多大人都会在孩子面前说上学压力很大，要挺住。嘟嘟有时候说上学很累，我每次都要纠正他。我问他："探索这个世界好玩吗？"他说很好玩。我说："你喜欢星空、星座，想当天文学家吗？"他说想。这并不是要求他做天文学家，而是引导他感受到探索的乐趣。

这就是帮助孩子去建立正确的价值观，而不是说"忍着点儿，把这几年忍过去，等考上大学我就不管你了"。忍着的弊端是孩子把玩和工作分得特别清楚：某一件事情被他定义为工作，另一种被定义成玩。只要有机会能玩，他就一定玩。

第四，让孩子喜欢学习，爸爸可以带孩子做很多手工。在国外，有一类家庭订阅杂志做得非常专业。只要拿回家照着学习，人们都能学会自己修车。很多家庭有工具房，整面墙都有各种工具。家里的除草机坏了，可以自己修，甚至装修整栋房子。我到一个德国朋友家里做客，他家非常漂亮。我问他装修费用高不高。他说此地基本没装修公司，即便有，也都太贵，整栋房子是他自己装的，从电路改造到铺地板。

手工其实很有意思，我 10 岁左右时，动手最多的就是修自行车。现在，我们做手工的机会真的越来越少了，因为生活真的太方便了。我的一个律师朋友回东北老家，干了几十年都没干的活，比如劈柴、往炉子里塞炭、引着，帮全家把屋里弄得热乎乎的。我问他什么感觉。他说特别开心，做了很多年都没动手做的事，给整个家庭带来很鲜活的氛围。

如果一个家庭里爸爸是缺席的，会使孩子在成长的过程中出现问题的可能性增多。

我观察到很多家庭中都有一种很常见的情况——孩子的学业不佳。樊登读书的一位分会会长回到山西老家，他的同学找他咨询。这位爸爸说孩子成绩很差，名次总是倒数，每次上课注意力都不集中，不知该怎么办。这位会长做了个家访，发现孩子很不爱说话。他利用樊登读书分享的书里的知识和这个孩子沟通，最后发现问题出在孩子的爸爸身上。这位爸爸只顾挣钱，所有教孩子的事，爸爸就一句话："我老婆负责。"

总有人问我："樊老师，你们家谁负责带孩子？"这是我听过的很业余的话。一个家庭里，怎么可能出现一个职位是带孩子，也就是一个固定的人负责带孩子，别人就什么都不管了吗？我家没有人负责带孩子，全家人都得负责带孩子。

还有的爸爸经常在孩子面前跟妈妈吵架。这样的情况下，孩子心中的爸爸是一个令他恐惧的对象。他觉得爸爸只要回家，就有可能跟妈妈吵架，孩子没法集中注意力。他内心根本就没有安全感，永远都处在恍惚的状态中。所以，孩子的学业不佳，跟爸爸有着非常大的关系。

在西方，青少年犯罪也和父亲缺席有很大的关系。曾缺失父爱的一些青少年长大之后，婚姻失败，一辈子生活在愤怒、忧郁、恐惧中，吸毒的情况也很多。书中有这样一组数据：63% 的青少年自杀，是因为父亲的忙碌和缺失；70% 的未成年怀孕和滥用药物的状况，都跟父亲的缺失有关。

微型人生的理念与排序

爸爸要转变理念和排序。

很多人这样规划自己的人生：20 岁以前的主要任务是学习，20~30 岁的主要任务是提升工作技能，30~40 岁的主要任务是创业，40 岁以后享受人生。

这种阶段性规划的根本问题是，如果一个人的主要任务是创业，那么请问，创业以外的事，会不会构成干扰？他会因为自己的主要目标是创业，觉得家庭好烦、孩子好烦。这样的人 40 岁以后，即便真的很成功，可以提前退休，但已经没有人愿意与之分享生活了。

一个人要学会微型人生，要去想：这一年中，我要不要创业、锻炼身体、呵护家庭、享受亲情……这都应该是生活的重点。那这一年、一个星期、一天中，你会如何安排？你不再区分哪个是最重要的、哪个是次重要的，你能够发现：这一切其实都只是你的生活，都只是你的人生，你可以同时照顾它们。这样，你就不至于把自己变成一个机器怪物、一个工作狂。

我希望大家能够调整一下排序，把家庭放在第一位，这并不妨碍你把工作做得更好。很多把家庭放在第一位的人，工作会干得更好。我有个朋友在一家以人为本的公司工作，公司里中国区的负责人是个外国人。他和大家开会时，把手机放在桌上，跟大家抱歉，说手机可能会响。大家问怎么了，他说家里现在在装修。大家习以为常，只要家里有事，就忙好家里的事。

这是一家活力十足的公司。每天下午四点就下班了，大家站在院子里边聊天，边等班车，福利好到没法想象。这家公司照样能够创造出好的业绩。

我们要懂得人生没有时光机，你不可能等过了几十年，再去想当年应该多陪陪孩子。来不及了，没法再回去的。有一本书叫作《临终前人生五大憾事》，里面有一条就是希望自己不要那么努力地工作，而错过了孩子的青春期以及陪伴爱人。

我们要抓住陪孩子的时间。因为时间很少，要尽量创造跟孩子在一起的“黄金时间”。黄金时间能够营造出一种画面，甚至能够让孩子记一辈子。回想过往，你有没有一个爸爸或者妈妈陪着你的温馨的画面……黄金画面，会让孩子觉得这一刻无比开心，一家人其乐融融。

这需要爸爸全身心地陪伴孩子，孩子特别怕爸爸看似陪着自己，却只是坐在旁边看电视，或者看手机。

我有一次陪嘟嘟听写，他在一边听写，我就在一边看自己的书，然后再看一眼他的书，给他念一个字。过了一会儿，嘟嘟突然哭了，说：“爸爸，你还是不要给我听写了。”我问为什么，他说：“我觉得，你一点儿都不想给我听写。”

孩子能够敏感地感觉到，爸爸的心根本不在听写这件事上，爸爸的心在看书上。我当时觉得自己做得真的不对。

要抓住黄金时间，就得拿出全副的身心，真的关注在孩子身上，看他的一举一动。他玩得很开心，你也能够跟着乐，甚至参与进去玩一下，这才能够帮助孩子。

提高陪伴的质量并不是陪伴 10 个小时，那就变成保姆式陪伴了。当你确实很忙，有很多工作的时候，哪怕只是 10 分钟，你可以跟孩子做一件事，让孩子觉得开心，觉得爸爸关注他，这就是黄金时间。也不要用一些不恰当的娱乐替代陪伴，比如说看电视、打游戏。那种情形下，孩子感受不到爸爸的陪伴。

为了增加黄金时间，你还可以尝试着在家工作。

很多家长说在家里没法工作，孩子闹得不得了。孩子闹得不得了的原因是什么？是你之前没有教会他，什么叫作“工作”，什么叫作“帮助妈妈工作”，什么叫作“帮助爸爸工作”。你要在前面下功夫，让他提前理解和学习什么是工作，而不是在他吵闹的时候，你说不许闹，并把门关上。这时候，他会哭得很厉害，更闹。

你和他定规矩，教他理解你的工作要做什么，告诉他保持安静是对爸爸有很大的帮助的。他拥有成就感，他会更愿意帮助你去提高在家工作的效率。

我是一个经常在家办公的人。嘟嘟两岁多的时候，我就和他定了一个很好的规矩：只要我进书房办公，嘟嘟就不会进来吵。他做得到，他会帮我把门关上，甚至在外面跟家人说：“大家安静，爸爸在工作。”他觉得爸爸在工作是件很神圣的事，他的责任是要保证一个安静的环境。这就是磨合出来的互相的尊重和信任。

创造有质量的家庭时间

忙碌的爸爸怎样变出更多的时间？这是所有爸爸最关心的问题。有的爸爸一出差就是一年，中间可能回来一两次，看望一下孩子，孩子就完全交给他妈妈了。我觉得这个付出的代价真的有点儿大，爸爸在孩子的童年中几乎消失了。

如果你不需要频繁出差的话，第一个方法是你要错时上下班。你可以跟公司沟通，送孩子上学后，再去上班，下午可以早点儿回去接他。

第二个方法是在工作中提高效率，不要把时间拖得特别长，那样反倒疲惫。

第三个方法是推掉一些不必要的应酬。过去，很多人觉得不应酬根本拿不到生意，必须在酒桌上谈事才能谈成，但现在愿意跟你喝酒的人已经逐渐在减少了。商业的规律越来越清晰，投标的过程更加透明、开放了。

最重要的是你的竞争力到底在哪儿。如果一份工作是完全靠喝酒维系关系，我建议好好思考一下，是不是该换一种生意模式了。喝酒换来的利益，拼的是你的肝能够承受多长时间。你拿到了单子，但是肝硬化，再去医院把钱花掉，一切还是落空了。我们应该做一些更具有竞争力的事情，做一些不需要喝酒也能够解决问题的工作。

我自己做过基因检测，喝酒身体就会出问题。我去过河南、山东这种喝酒特别厉害的省份，我完全不喝酒，也和大家交流得很愉快。爸爸们可以减少应酬，早点儿回家，能通过电话谈的事，未必要见面。

第四个方法是你需要把孩子的一些重要的事情放进日程表里。很多人的手机里从来不记家里的日程表，永远只记工作、出差、开会、谈判。实际上，孩子过生日、孩子需要旅游、学校开家长会……这些重要的时刻，一定要提前记在手机上。

有一次，嘟嘟幼儿园的老师参加樊登读书的活动。她给我发了一条很长的微信，我看了特别感动。她以前对我不太了解，只知道我是电视台的节目主持人，后来她参加樊登读书，读书对她有了很大的帮助。她还回忆起一件重要的事情，就是嘟嘟上幼儿园的三年中，每个家长会，我从来没有缺席过，每次都是我和他妈妈一起去。

我认为这是一件应该做的事，没太在意。但是老师说，这真不容易，她从实际工作中看到的是，两个家长能保持一直都来是比较少的。因为在北京，大家的工作时间都很长，出趟门就两个小时。爸爸们都很辛苦，很多爸爸甚至都没有在幼儿园出现过，除了交学费。

幼儿园老师还记得我家有一个习惯，给嘟嘟请假的理由是：嘟嘟爸爸今天回来了，嘟嘟要回家跟爸爸一块儿玩。

那时，我特别忙，经常出差，一年要飞将近一百次。我把和孩子相关的事情记在日程表里，就能准时参加孩子的重要活动了。

第五个方法是珍惜早起的时光。有的人说自己的工作太忙了，但是早上总是要起床的吧。有的爸爸睡懒觉，不想起，不如试着早起一下，陪孩子一块儿吃早餐，聊一聊。

第六个方法是不要刻意地把工作跟生活分开。有的爸爸要求家里不能在上班时间给他打电话。我见过有人工作的时候突然狂怒，一听就知道是家里来的电话，因为家里有事来烦他了。记住这条——家里的事也是你的事。

不要把工作跟生活分得特别开。一部电影里有这样一个场景，主人公正在跟总统谈话，这时候手机响了。他接听，然后跟孩子聊天结束后才回来，接着和总统谈下去。

我甚至还看过一个电影，警察正在抓捕坏人，孩子的电话打过来了，这个警察一边枪战，一边聊天。虽然这个有点儿夸张，但是提醒我们的是，不要去讨厌你的家人打扰你的工作，不把工作和家庭刻意分开，你的时间才会变得更多。

最后一招，就是有机会的话，爸爸做一个好妈妈，其实也是不错的。比如，对孩子说："今天，咱们给妈妈放个假吧，让妈妈陪她的闺密去做指甲、去玩。"

我从来不介意带孩子一整天，我觉得特别好玩。家人、保姆都不在家也没关系，那也是享受父子之间幸福生活特别难得的机会。

我有时带嘟嘟去吃简餐。好多人说这太不负责任了，但我能够看到，他吃简餐时的那种开心、快乐。他一定会永远记得，我跟他在一家大超市的楼底下，等着买东西的时候，我意外地给他买了一个冰激凌，这是惊喜。他现在很大了，但他依然记得小时候爸爸给他创造惊喜的画面。

以上这些方法，都是能够帮爸爸挤出一些时间来的。

还有就是提高单位时间的产出，提高在家时间的质量。

第一个建议是当你能够回家的时候，别磨蹭。有些日本人的习惯特别不好，下了班以后不回家，在外面喝酒。回家太早了，怕被孩子的妈妈数落，你怎么连个朋友都没有，没有事业心。我认为这个做法一点儿都不科学。

还有很多年轻的爸爸，尤其是在孩子 3 岁前，发现孩子哭闹，有时候孩子生病，还要换尿布，要喂奶、兑水……年轻的爸爸甚至会刻意把工作时间拖长，晚点儿回家，来逃避这些令他心烦的事。

有的爸爸听到孩子哭就会烦躁，这是自私的表现，自私到还没有准备好去做一个爸爸，还没有肩负起这个责任，这需要改正。建议爸爸下了班，第一时间能够回家，别磨蹭。

第二个建议是一起珍惜晚餐时间。大家共进晚餐的时候，最好全家都把手机关掉。大家一边吃饭，一边可以聊聊天，而不是吃着饭，看着手机，没有沟通。

有的爸爸做得很好，吃饭之前有一个小小的仪式感，之后就是大家一起好好吃饭。周末跟每一个孩子单独聊天，聊聊孩子这一个星期的进展，对未来的各种想法，对生活的理解。爸爸在家里是重要的老师的角色。

第三个建议是给孩子举办一些庆祝仪式。这不是把孩子宠坏了、惯坏了，而是让孩子觉得自己是重要的。一个人觉得自己是重要的，觉得自己是被人爱的、被珍惜的，他会提高自己的自尊水平，不至于把自己扔在下游中漂流，也不会和别人比惨。他不会这样做，因为他觉得自己是有价值的人。

给孩子做庆祝仪式的时候，还可以给孩子创造一些小惊喜：出差回来带一些小礼物；或者一些孩子想了很久的事，帮他稍微实现一下；或者突然带他们去看一场电影……这是创造一些小惊喜的方法。

嘟嘟上幼儿园的时候，有一天突然问我土桥在哪儿。北京地铁八通线最后一站叫‘土桥’，他每次坐地铁，总是听广播里说：“终点站土桥方向……”

我说：“土桥就在北京。”他说：“我想去看看。”我说：“你为什么想看土桥？”他说：“就想看看土桥什么样。”有一年圣诞节，学校开晚会，结束以后，我说：“走，带你去看土桥。”

我开着车，把他带到地铁的终点站，看看地铁怎样开出来。他觉得真神奇，后来问：“桥在哪儿呢？”我说土桥这站好像没有桥。然后，我们找了一个过街天桥，在上边站了一会儿，他说：“这就是土桥。”

这就是满足孩子对这个世界的好奇心，让他知道爸爸是能够帮他去探索的。

这很好玩，从那以后，我俩大概在北京探索了好多个“桥”，因为北京有很多用桥做地名的地方。

我的朋友、心理学家杨霞老师建议，要多带孩子去爬山。爬山的确对孩子的身体好，有时候孩子咳嗽，爬完山以后，他的咳嗽就一下子好了很多，真的很神奇。我开始先带他爬矮一点儿的百望山，再定下一个目标八大处，第三个目标是香山，第四个是泰山，第五个是华山，第六个是珠穆朗玛峰。这是他定的，他把他知道的山的名字全部列了出来。孩子愿意和爸爸一起订立这样的计划，也是很有意思的事情。

最后一个提高质量的方法，就是每年安排一两次全家的度假，经济条件允许的话，可以跑远一点儿，去印度，去非洲。如果没有那么多预算的话，就近一点儿，高铁这么方便，跑一些国内的旅游景点，也已经非常好了。因为我们国家真的是太大了，各处风貌都是那么好玩，太多美的地方，我们还都没有去看过。

带着全家一块儿去度假，这是能够创造家庭氛围，让孩子觉得安全的一个非常重要的方法。

积极爸爸更容易收获事业

爸爸有一个非常重要的责任，就是做孩子的楷模。《忙碌爸爸也能做好爸爸》的作者布鲁斯·罗宾森拟了一份清单，询问爸爸们，最希望孩子拥有什么品质。

在他的清单中，有财富、豪宅、身高、名誉、海滩小屋、健康等很多选项，然后让爸爸们选出最重要的四项。

结果出来，排在第一位的是诚实和仁慈的价值观，排在第二位的是希望孩子拥有喜悦和快乐。

有一个演喜剧的明星在节目里讲，他有抑郁症。他每天看着窗口，就想跳下去。他根本不想活，虽然每天演喜剧，但是觉得人生一点儿意思都没有。他一个星期里连着三四天晚上不睡觉。这是很可怜的一个状况，就是一个人赚到了钱、出了名，把别人都逗笑了，但他内心没有得到喜悦和快乐。

那怎样做才能让一个人长大了以后，内心还能得到喜悦和快乐呢？就是爸爸让孩子在童年的时候就获得爱和安全感。一个在内心有着爱和安全感的人，知道爸爸和妈妈是爱自己的人。今后接受什么样的打击，他都有能力反弹起来。

一个人在长大以后所受的种种痛苦和伤害，都和童年时的经历有着非常大的关系，到他 60 岁的时候，他和父母的那种潜藏的感觉还在。

排在第三位的是爸爸们希望孩子拥有健康。

排在第四位的是热爱学习。

热爱学习为何如此重要？并不是为了要当学霸。学霸不重要，但热爱学习很重要，很多学霸并不热爱学习。一个热爱学习的人，是一个对社会保持好奇心的人，而一个人的好奇心和幸福感相连。一个人越是有好奇心，他就越幸福。

以上这四条，也是我们希望一个爸爸能够在孩子面前表现出来的东西：诚实和仁慈的价值观，喜悦和快乐，健康，以及热爱学习。

爸爸应该在孩子面前表现出一个乐观、积极向上的父亲形象。很多爸爸在家里特别消极，看别人高兴就发脾气。抱怨社会，抱怨公司，抱怨单位的同事和领导，看谁都不顺眼，这样的爸爸所影响的孩子怎么会积极？这样的孩子，到青春期的时候容易性格怪异和暴躁，因为父亲把这些负能量全部都释放在家里了。

很多父亲根本就不理解什么叫“积极”。积极不仅仅是乐观，积极的核心定义是你要永远都做出自己的选择，而不是由别人决定。“我没办法，这个社会就这样，所以咱们只能这样”就叫“消极”。相反，即便整个社会的人都不高兴，我依然可以选择高兴。

记住：我永远都有选择的权利。

总之，努力做孩子的楷模，也就是积极的爸爸，传递给孩子正确的价值观，帮孩子养成正确的习惯。

还有一个好消息要分享，那就是好爸爸往往比“坏爸爸”的事业更成功。

爸爸不要以为自己在家庭里投入了很多的时间和精力，就没法把工作做得更好了。有人做过这样的研究，大量成功的家长更珍惜自己的孩子和家人，以及与家人相处的时间。很多国家领导人访问别的国家的时候都带着家人，这是完全可以的。

很多爸爸总出差，也可以有一些应对的方法。我就用了很多办法，经常出差的爸爸可以参照下面的做法。

第一是不要莫名其妙地消失。

要告知孩子你出差的原因。出差之前，一定要跟孩子好好地聊一聊，说爸爸为什么要出差，这次去哪儿。甚至在地图上把它找出来，告诉孩子爸爸去那里干什么，有哪些具体的安排，哪天回来……

我借这个方法，给嘟嘟教了很多地理知识。

他在地图上标出了很多地方，我每次到一个新的地方，他就会在家里的微信群发出来。

爸爸不要莫名其妙地消失，要让孩子参与到你的工作中来。让孩子知道，爸爸是很酷的，爸爸干的工作很有意思。

第二是可以给孩子留字条。

纸带给人的感觉是很值得珍惜的。孩子喜欢留下小纸片，你会发现，孩子连自己很小的时候做的纸飞机都不舍得扔，这个是情感的交流。

出差途中，我以前每天要坚持打一个电话。我现在出差的时间没过去那么多了，两三天打一个电话。心理专家提醒我，要让孩子觉得爸爸一直都在，是很重要的。

第三是条件允许的话，爸爸可以尝试带孩子出差。

带着孩子参加一些短途的出差，让他参与一下你的工作，也挺好。我录节目，有时候会把嘟嘟带到演播室现场。他看到这么多的人，觉得这太好玩了。灯光打着，爸爸在台上做节目，底下那么多的观众鼓掌，他会觉得很棒。

我还带他参加过我所任教的大学的毕业典礼。他看到大学生是怎样毕业的，爸爸在台上，学生给爸爸献花，他看到了这样具有仪式感的场面。

让孩子参与到爸爸的工作中来，孩子的心中，爸爸的这个形象才会更加丰满。他才会知道，爸爸不只是在家里穿着睡衣的那个样子，爸爸还可以是另外的样子，他才会更加喜欢和崇拜爸爸。

当然，你不要期待孩子崇拜你一辈子，孩子到了青春期，马上就换偶像了。但孩子在青春期之前，如果他心中崇拜的是爸爸的话，对他一生都会有很大的影响。

关于带孩子出差，我还要补充两个条件：一是最好在孩子 7 岁以后，这时他能够照顾自己了；二是不要一次带俩孩子，最好是一次带一个孩子。这是能够帮助孩子跟爸爸建立亲密关系的一个机会。

当爸爸回到家里时，我建议爸爸可以跟孩子玩一些男人才能玩的游戏。爸爸回到家，不要只陪孩子读故事书、讲童话，爸爸更要做的事是“打”。面对女儿也可以“打”，爸爸教女儿练习出拳，保护自己，然后带孩子爬树、翻墙、去野外、爬土坡，玩那种脏脏的妈妈一般都不让去的地方。这样才能够感受到男人跟女人的区别。孩子能够感受到来自爸爸的强大的力量，感受到父爱和安全感。

《忙碌爸爸也能做好爸爸》一定能够帮到很多总是出现在手机前、电脑前声称自己没有时间管家庭、陪孩子的爸爸。

CHAPTER 2

第二章

与孩子一起成长

让孩子远离焦虑：先管理自己的情绪

孩子的心智健康状况已经越来越受到我们大家的关注了。

社科院曾做过一个调查，有的高考状元工作后，表现不再出众。为什么这些高考状元学习那么超群，后来工作的时候“泯然众人”？原因很简单。学习成绩特别好的小孩儿，大多是被家长威胁出来的。很多家长喜欢对孩子施加这样的压力，说：“咱家没钱，你老爸也没有多大的能量。你要是长大了，自己不行，是没人帮你的。我们俩把钱花完，都不给你留。”然后，家长还会告诉孩子社会竞争多么激烈。从当时的效果看，孩子为之一振，开始努力学习了。但是长此以往的结果是，他内心有一个东西被破坏了，那就是安全感。

孩子在从小学习的过程中，被破坏掉了安全感，而产生了焦虑。

孩子慢慢长大以后，看起来随着他人格的成熟，焦虑感被逐渐掩盖了，但是内心深层次的安全感被破坏以后，终身对他都会有影响。他努力想成为一个最普通的、跟别人没有什么差别的人，每个月给他发固定工资没问题，只要别让他担风险就行。

《让孩子远离焦虑》具有重要的意义。

孩子的焦虑因何而起

孩子焦虑是有一些表现的，有的孩子总是特别担心未发生的事，比如说有的孩子发问的句式是："如果（发生了不好的状况），我们怎么办……"这种频繁担忧的问句，不该是小孩儿问话的句式，小孩儿正常问话的句式是"这是什么，为什么……"

当使用"如果……怎么办"的时候，他比我们要担心得多。《向前一步》中，有一个幼儿园的小女生特别难过。她的理想是当宇航员，汤姆的理想也是当宇航员，她想跟他结婚，她的担心是："如果我俩都当宇航员了，谁来照顾孩子？"

女性比男性更容易焦虑，家庭生活中，男人只要把钱拿回来，几天没回家，不会觉得内疚。很多男人经常一出差走好久，而女人出差这么久则容易内疚。

焦虑是对无常的抗拒。每当你明知道无常会发生，还是在内心不断地希望这件事最好别发生，或者最好别发生在自己身上时，你的焦虑情绪就会出现。

从心理学角度来说，焦虑是一种大脑功能障碍。通俗地讲，焦虑是一种非常强烈的情绪状态。当人们面临不确定状况的时候，他们无法对事件的结果做出预测，在不能确保他们的选择是否正确的时候，焦虑就产生了。

换成更通俗的说法就叫"纠结"，严重的纠结就是焦虑。比如，有一个小姑娘，她纠结于自己的选择。我对她说："你愿意读研究生就去读，愿意工作就工作。”她说：“可是如果我工作了，就失去了读研究生的机会；如果读研究生，那我就没法工作了。再说，读研究生，万一得不到我想要的效果呢……”

当我们总想到万一的时候，就是对无常的抗拒。

其实，不管选择去工作还是去读研究生，只要认真地过每一天，都是最好的选择。

人生没有平行线，人生是一条单行线。从心理学来说，来自对不确定状况的未知会产生焦虑。焦虑是遗传基因、气质、经历等多方面因素的一个综合体，没有哪一个单独的因素可以解释这一切。

只从遗传或者个人的经历来看，没法解释这一切。这是一件相当复杂的事，甚至包括很多人遭遇外界的冲击后，也会产生这个问题。比如说，父母离异，父／母去世，暴力事件的伤害，生病住院，等等。这些都会引起焦虑状况。

我有一个同学焦虑得很严重，是因为他住院时发现肝上面有一个阴影。他觉得是肝癌，整天忧心忡忡，自己吓自己，去搜很多医学资料，非得证明自己的担忧是对的。

后来，医生对他说这不是肝癌，他说：“医生，你别骗我，我是有知识的人，你跟我就说实话吧。”医生说：“那是肝上长了一颗痣。”人的脸上会长痣，这只是肝上长了一颗痣。他没有患癌症，只是太焦虑。

在家庭中，要想改变孩子的焦虑，很多家长就直接告诉孩子“你这叫‘焦虑’”，这只会把孩子搞得更焦虑。家长想改善孩子的焦虑状况，唯一能控制的是自己的教养方式。

如下教养行为，会导致孩子焦虑。

· 父母的过度控制

书里有一个提法，叫“直升机父母”。家长天天在孩子身边“飞”，什么事都要管，吃东西、穿衣服、走路全要盯。当父母是一种直升机式的人物时，会把孩子搞得特别焦虑。比如，总是问孩子“冷不冷”“疼不疼”“能不能及格”“有没有人欺负你”。

实际上，孩子的生活没有那么糟糕，但是直升机式的父母在孩子面前呈现的全是担心，让孩子觉得生活中好像到处是陷阱，随时都会出事。

有一次，我儿子跟别人在学校里打架了。他自己无所谓，说：“今天，我和朋友小小地打了一架，他蹭了我一下。”他说完，这件事情在我家就结束了。但如果这时候父母过来说“怎么办，要不找他们家长，要不到学校，我去找老师……”家长过度紧张，把情绪不断放大，孩子的负担就会变得越来越重。

· 焦虑解释的模型

如果家长总跟孩子强调陌生人都是坏人，孩子会对陌生人，甚至对整个的环境产生担心。还有家长随口说：“如果一个人成绩不好，这辈子就完了。学习成绩好就有一切，成绩差就什么都没有。”

这本身就立不住脚。我给很多总裁上过课，有一次，上课时我要求他们练习用左手写自己的名字，这是我们课程中的一个练习。有一个总裁就是不写，他特别诚恳地道歉：“樊老师，对不起，我不会写字。”

身家 10 亿的老板，他不会写字，但他一样想学习，并且已经拥有了好的生活。我们去衡量一个人能力高低的标准绝不仅仅是成绩，孩子的心理健康、人品、情商、个人特色、气概、探索精神都比学习成绩重要。

有一天，我的一个朋友请我为她高中的儿子做辅导。这个孩子的数学和物理成绩很差，语文、政治、英语特别棒，他还喜欢研究哲学。

他妈妈告诉我，孩子在分科的时候，要选择理科。

这令人不能理解，妈妈知道他上理科很难考上大学。

我就问这个男孩："既然对文科这么感兴趣，也这么擅长，为什么要选理科？"

这个很帅的小伙子说："我觉得我的人生不能有短板，别人能学会，我也能学会。别人能把物理学好，我也应该能学好，我应该挑战一下。"

这是为了外部的评价在学习，忽视了自己内心的追求，他认为自己有短板很丢人，因为不符合老师的评价，老师喜欢全面发展的学生。

我有个朋友，感叹自己上高中的时候总坐在最后一排，学霸都坐在前排。班里每隔一个月换一次座位，完全按成绩来换座位。我一听就很吃惊，按成绩排位对孩子的影响是很恶劣的，会让有的孩子过早地自我放弃。

我们需要多元化的评价体系。我对那个男孩讲，马云高考成绩一般，琼瑶数学不好，作家三毛也学不好数学，一个人有点儿跟别人不一样，没什么不行。

不去把孩子的某一面负面地放大，这对孩子来说很重要。以下几点需要注意：

· 容忍或鼓励回避行为

如果家长建议或者帮助孩子回避，就像房间里的大象，每个人都假装没看见它。一个家庭里明明有问题，但是不能说，大家都假装没有。这会令孩子养成一个习惯，知道某件事情是不能提的，他会产生焦虑。

· 拒绝或者是批评

比如，孩子说饿了，家长立即反问："你刚吃完饭怎么会饿？"

· 冲突

孩子有一个特别重要的行为习惯就是自我归因，小孩儿看到两个人打架，哪怕并不认识这两个人，都会认为跟他有关系。

在家庭中，尤其是很多爸妈在吵了架以后，拿孩子撒气。比如，妈妈对孩子说："都怪你，要不是你这样，我跟你爸会吵架吗？"当妈妈说出这样的话语的时候，孩子的自我归因会变得更加严重。

很多家庭，只要父母一离婚，孩子就会说："爸爸，我以后乖乖的，你不要走好吗？"因为他觉得是自己不乖，父母才分开。

孩子有特别强烈的自我归因，家长就要在孩子面前谨言慎行，不要在孩子面前吵架，大声呵斥别人，与人发生特别多的冲突，以免孩子特别担心。

以上都是和孩子的焦虑水平有着明显关系的一些行为。

减轻焦虑的教养方式

积极的家庭教养方式可以帮助孩子减压。

· 行为奖励

比如说，孩子愿意接受挑战，或者他的一个行为只是部分成功了，家长要给他一定的肯定和承认。在此，要让孩子知道很多正面的情感类词语，他理解这个词语之后，就会找到成就感。

例如，孩子玩完玩具后能把玩具收好、放好，家长可以说："你很棒，你刚刚这个行为叫'自律'。你懂得自律，懂得自己管理自己，懂得秩序感。”

要告诉他这是对的，把好的一面告诉他。他会有成就感，会乐于再做这样的事。

我儿子不迟到。每天早上，根本不用催他，闹钟一响，推他一下，他就起来了，起来以后自己洗脸、穿衣服、吃早饭。

吃完早饭，他来看我。如果我还在睡觉，他就过来在我脸上亲一下，说“爸爸，我上学去了”。保姆就送他去上学。从开学到现在，他没有迟到过一次。

很多家庭是要不断地催孩子：“赶紧赶紧！”“快点儿，快点儿！”“完蛋了，要迟到了！”……“直升机父母”来了！这时候，孩子会把妈妈的抓狂当作闹钟，就是“妈妈不抓狂，说明时间还没到；等我妈一抓狂，就该行动了”。这样的孩子完全依赖在父母身上，反倒他会焦虑，他没有自信和安全感。

我怎么让嘟嘟能够做到不迟到的呢？在他两三岁的时候，有一次他表现出来不迟到的行为，他说：“爸爸，我们早出去，别迟到。”这时，我专门停下来，对他进行了表扬和肯定，我说：“嘟嘟，你知道吗，你有一个行为很棒。”他问：“什么行为？”我接着说：“你很守时，守时是一个非常好的素质。这个社会上的人都喜欢跟有素质的人打交道，你这个行为很受欢迎。”

此后，他就爱上了守时这件事。

· 消除过度的焦虑行为

无论是出于关心，还是其他的感情，父母都不要对孩子的焦虑行为做出过度反应。父母越过度地关注孩子的焦虑行为，他就会越强化这件事。

比如说，孩子不愿意见陌生人，他会往后躲。父母觉得很丢脸，说：“怎么老躲着呢，过来打招呼！”孩子特紧张地走出来，打个招呼，其实会让孩子下一次更不愿意出来。因为父母在强化这件事情，所以当孩子表现出不愿意在大家面前表现的时候，没关系，摸摸他的头，替他介绍一下就完了。

父母也不用解释：“我们家宝贝就这样，就是不愿意见人，很害羞。”当父母不断地强化这些标签的时候，这个孩子就记住了。

正常地处理就好了，不要表现得过于夸张，在他偶尔表现出愿意跟人接触的时候，要肯定他。也不要过度地表扬，不要做得让孩子觉得这件事好像很奇怪。

· 管理自己的焦虑

要控制自己的痛苦表现，不要把自身的焦虑平添到孩子的身上，因为孩子能够感受到父母的焦虑。孩子的感受力特别强，他能够完全地感受到你的状态是什么。

父母首先要让自己平静，提高自控力。可以考虑去做瑜伽，读一些哲学类、心理学的书，要让自己在情绪管理方面上一个台阶。父母淡定，对孩子会有很好的影响。

· 提高家庭沟通和解决问题的技巧

一个家可以通过沟通、民主的方式来解决问题，而不是通过大喊大叫，或者比赛看谁更强硬的方式来解决问题。

孩子处理问题的方式是从家长身上学习的。如果在一个家里，妈妈处理问题的方式是对孩子的爸爸喊叫，那么孩子和妈妈之间出现矛盾就是喊；如果妈妈的处理方式是躲起来哭，那么孩子也会躲起来哭；如果爸爸处理问题的方式是摔门，孩子也会摔门；如果你把孩子甩在大街上说不要他了，孩子也会不要你，因为他发现不合作就是解决问题最好的方法。

父母放松是接纳的前提

很多父母说，虽然知道好的家庭教养方式是什么，但自己免不了总为孩子担心，想“为他好”。但实际上，我们应该理解“为他好”的背后是自私，是不敢或者不愿意让孩子成为他本来的样子，而只想让他成为父母希望的样子。

我有个朋友是个摇滚青年，非常有活力，自己抱着吉他到处去唱歌，他想成为一个另类的、与众不同的人。后来，他爸妈由于担心他不稳定，苦口婆心地劝解。他挣扎了五六年之后，终于回到老家，从事了稳定的工作。我再见他的时候，他的确“老实”了很多，老老实实地上班，下班之后和同事喝喝酒，时间一天天就过去了。父母这次放心了，因为孩子终于在自己身边，成为父母想让他成为的人了。

所谓的“为他好”，常常是代表着我们对孩子的控制。比如，担心孩子的成绩不好，担心他青春期叛逆，惧怕他将来可能有危险或者失败：眼睛总是盯着孩子的问题，总是不满地想要调整，想要帮助孩子来控制他的未来……

我们其实要学会接受，只要我们的孩子不成为犯罪分子，不危害社会，我们就为这个社会做出了很大的贡献。况且，孩子成为犯罪分子的可能，只来自扭曲的教育环境，比如天天挨揍。挨揍的孩子从父母身上学到的行为习惯就是暴力，他看到暴力能得到想要的一切。

所以，父母不改变自己的教养方式和行为习惯，恶果会随之而来。父母要勇敢地接受孩子成为跟你想象的不一样的人。

我爸从未想过我成为现在的样子。我爸原本希望我学理工科，成为一个工程师。直到我给他听了一期樊登读书的《论语》，他承认我超乎了他的想象。此前，我大学毕业去中央电视台，我爸说中央电视台不稳定。后来，我考博士、当老师，我爸说："中央电视台那么好的工作，你说不要就不要了？"我没有朝着他设想的方向去发展，我在北京创业，有自己的公司。我爸说："回西安吧，西安好。"直到我办了读书会，他听了我讲的书，说还挺有意思的。

其实，孩子有可能会给你带来很多的惊喜，只是他不按照你的方式去做。认识到这一点，父母就容易放松很多了。父母放松了，孩子才能放松。

我们要学会接受，否则，接下来讲的所有的工具你就不会用。

减少孩子焦虑，要限制自己的忧虑和想象。以下四个思维方式可以帮到我们。

第一个思维方式叫作"你想的事未必会发生"。

有一个心理学实验让每一个人把自己最担心的一件事写在纸上，投进纸箱子。两周之后，大家打开箱子，结果发现绝大多数人担心的事都没有发生。焦虑来自担心。

第二个思维方式叫作"你想的事未必是事实"。

人是一种特别善于幻想的动物，大量的矛盾是幻想出来的。人的痛苦往往来自推理。"庸人自扰"就是说很多烦恼是自己找来的。比如说：别人看你的时候只是当时眼睛被风吹得不舒服，但是你觉得对方在斜视你；公司里的“帮派”有可能就是你俩出去吃饭没叫我，我就觉得你俩联合起来针对我……谣言止于智者，因为智者不轻易推理，自然就减少烦恼了。

当一个人焦虑的时候，要能够停下来提醒自己：这只是我想的，未必是真的。

一位女士发现她老公有一个信用卡的刷卡记录是某家酒店，时间是星期三——是上班时间。她问老公星期三干吗去了。她老公说上班去了。

她就开始琢磨离婚还是不离婚，离婚的话，孩子跟谁。她不知道怎么办，很苦恼，开始找闺密哭诉。

她自己先痛苦了一个多星期，闺密说“你跟他摊牌”。

她又问老公那个星期三到底干吗去了。她老公还是说上班去了。她说：“你要这样说就没意思了。”这位老公更疑惑了，问：“到底怎么回事儿？”

她拿出老公的刷卡记录，问是怎么回事儿。老公也奇怪，自己明明没去，怎么会有酒店的刷卡记录呢？她说：“赶紧说吧，说了咱们好聚好散。”

老公很生气，两个人跑去查刷卡单，去找 POS 机。

到底怎么回事？

原来，酒店旁边有一个加油站。加油站的 POS 机坏了，借酒店的 POS 机来刷，刷完了就是酒店的记录。

一个小小的误会，把这位女士气得已经快崩溃了，整天琢磨着怎么离婚。

我举这个极端的例子是说生活中很多的事不是事实。

第三个是思维方式决定感受。

事件发生未必导致你的压力增大，在事件发生和压力增大之间，隔着你的思维方式——你是怎样看待这件事的。比如说，成绩考得很差，是不是压力就一定很大？未必！看你怎样看待这件事了。

有人觉得成绩考得差很丢脸，要当学霸。但对于我来说，60 分也不错，我上大学的成绩里有很多课是 60 分，我感激我的老师让我没有一门功课挂科的。还有更强大的人，挂科也不要紧。有一位美国总统回母校演讲，说：“你的考试成绩是 C，也可以当美国总统。”大家为他热烈鼓掌。

不同的价值观决定了对同一件事情的不同反应。当价值观不稳固，或者不正确的时候，我们会把一个小小的痛苦变得特别大。而真正有稳定价值观的人，即便身处困境，他依然可以露出安详的微笑，对所有来帮他的人双手合十，表示感激。

第四个思维方式就是要对抗全有或全无。

我们特别容易在生活中产生全有或全无的表现。比如，我表扬了一个团队的小姑娘，她有可能很高兴，觉得自己在这个公司特别有前途。但如果我说她的某个方案写得不好，她就立即觉得自己在这个公司没前途了，老板不喜欢自己，得换工作了。

生活中很多人会因为一件事就特别高兴，也会因为一件事特别不高兴。同样的事，它未必完全是个好消息，也未必完全是坏消息。当我们看透全有或全无时，才会达到中庸，才知道生活中发生什么事就处理什么事，只要保持正面即可。

给孩子的焦虑管理计划

管理自己和孩子的焦虑状况，可以尝试一些练习。

第一步：理解孩子的感受。

不去否定孩子的感受。比如说："妈妈知道你现在很难过，妈妈知道你现在有点儿紧张，这很正常，因为妈妈也会紧张。"这表示你能够理解孩子的感受。而不是说："你别紧张、别难过，这事不要紧，做坏了也没人说你！"这对孩子来讲是压力，只会让他变得更焦虑。

第二步：给焦虑的大脑重贴标签。

我儿子在上幼儿园的时候，有一段时间可能是分离焦虑症，每天回到家就动手，总想打人。有一天，我跟他进行了一次谈话。我说："嘟嘟，你知道吗？你体内有两个小嘟嘟。"他很好奇，我接着说，"一个是'小天使'，一个是'小魔鬼'。当'小天使'出来的时候，你是这么可爱，咱们很愉快。你也很喜欢这个'小天使'，对吗？你也喜欢跟我们在一块儿快乐地玩，是吗？"他说："对，我也喜欢。"

我接着说："那个'小魔鬼'出来的时候，你就生气，想打别人。这时候，你想帮谁？"

他说："我想帮'小天使'。"

神奇之处在于，谈完这一次话以后，"小魔鬼"几乎没有出现过。因为他只要一生气，我们就会说"小魔鬼"来喽，他一会儿就好了，就高兴了，因为他要去帮助"小天使"。

对应《让孩子远离焦虑》这本书里讲的，就是你要学会贴标签。

你不要对孩子提“焦虑”，你把它叫作“恐慌先生”“留心小姐”“担心妹妹”。不要起很多个，根据需要，起一个就行。

比如说：“担心小姐又出来了。”当他能够自己看到“担心小姐”的时候，他就学会控制了。你关注自己的内心了，才能够控制它。在日常生活中，被焦虑控制，是因为你自己已经变成了“担心小姐”，但你自己完全没有感觉，因为看“担心小姐”的人不在。当你能够盯住那个“担心小姐”看，“担心小姐”就离开了。

第三步：启用第二反应。

我们平常一有想法就去做，叫“第一反应”。《论语·公冶长》：季文子三思而后行。子闻之，曰：“再，斯可矣。”也就是说，季文子遇事都要考虑三次才去行动，孔子听说后，说：“想两次就可以了。”

“三思而后行”是句成语，但三思而后行不是孔子提倡的，孔子觉得想三遍太过了。

一个人想干一件事，一想就去干，这很危险。一想，停下来，再想一下，再干，此时既想干，又有行动力，行动力和考虑之间是一种和谐关系。但是，当你想太多，比如再多想了一步，三遍想完后，这事就做不了了。

第二反应就是想做一件事之前停下来，回忆一下，想一想该不该做，质疑一下自己的这个想法。一般来说，焦虑的人在遇到焦虑的时候，会倾向于做一个抵抗的、保护的动作，比如做一个大喊大叫的动作，释放焦虑。这时，应该给自己一个再次思考的机会，看可不可以改变。

插入一个我可不可以改变的动作，下一个动作就变了，就不是过去焦虑的动作，而变成一个改变的动作了。

第四步：关掉身体的警报。

身体一发警报，人就紧张。这时候，最好大人和孩子都能够学会呼吸，把注意力放在呼吸上，去感受呼吸。

我每次讲课也好，出差也好，累的时候也好，感受呼吸 10 分钟，精力就会恢复过来。

第五步：学会让孩子做主。

我家不存在抢手机的状况，嘟嘟想看手机，我会问他："看到什么时候还给我，决定看多久？"他说："打五局就还。"

他不会特别在意手机，有的孩子特别在意手机。只要有机会，孩子就立刻把手机抢过来，反而让孩子很焦虑。

第六步：鼓励。

在你帮助孩子做出这些改变以后，要给孩子更多的鼓励、更多正面的能量。在一个充满着肯定的家里，孩子自信心会更强。

千万不要担心表扬孩子多了，孩子会翘尾巴，人这一辈子因为翘尾巴所犯的错其实不多，大量的错是因为不敢做而犯的，一个有自信的人是没错的。

有句话叫："永远自信，即便在犯错的时候。"

帮助孩子自信，感受到父母对他的爱，是非常重要的事。

最后，结合我的经验，为大家分享书中的小贴士：

· 害怕，我也能做。我害怕这件事，但我照样能做，这才叫"勇敢"。

· 了解孩子的想法，知道他们为什么感到焦虑。

· 帮助孩子划定他们的舒适区，并且一步一步地扩大这个舒适区。

嘟嘟有一年暑假跑去学自由泳，他说学自由泳很开心。我问为什么，他说自己已经不怕水了。他的舒适区变得越来越大。家长应该帮助孩子去探索世界，让舒适区变得越来越大：乘火车、坐高铁、坐飞机、坐轮船，到乡村摸一摸小动物……让他能够感受到："我现在开始不怕这个了，我开始不怕那个了……"他不怕的越来越多，他的世界就在不断地扩大了。

· 不要回避恐惧的情境。对于恐惧的事用愉悦的、冷静的语言来跟他们一起讨论。

· 不要设定过高的目标，不要对孩子有过高的期望。

家长对孩子的期望没那么高，他反倒可能会成长为一个带来惊喜的人。如果家长整天给他特别高的期望，他最后可能真的变成一个普通人。过高的期望带来的是压力，压力带来不安全，不安全带来的结果是寻找安全，寻找安全的结果就是带来平庸。

这个推理很明确，我们看到有的人，父母是高级知识分子，孩子完全是自由发展和成长。孩子长大后，即便遇到很坎坷的事，也能够很好地处理，反败为胜。

· 要让孩子有掌控的感受，多给他一些掌控的机会。

· 不要强迫孩子面对恐惧，孩子应该在安全的环境中成长，而不是在恐惧的环境中成长。用恐惧的方法让孩子摆脱恐惧，最后的结果反倒是他更恐惧。

· 不要对他有过度的担心就好了。衣服穿少了，感冒了很正常。跟小朋友打架，也很正常。

这本书的核心思想中，有一点是无条件的爱。让孩子知道，不管发生什么事情，爸爸妈妈永远爱他，这样孩子才有安全感。

另外一点是，帮助孩子建立独立、完整的自尊体系。这样，他遇到任何情况都是淡定的。这是个很高的境界，可有的孩子能做到。

关键期关键帮助：
孩子是无限的未来

樊登：芭学园的创办人李跃儿是一位专家。我有一个朋友为了让孩子上芭学园，竟然从城里的繁华地带搬家到回龙观，为了提前几年来排队报名。我的朋友告诉我，芭学园有很多特别有意思的理念，比如从来不给孩子买现成的玩具，都是给他面粉、泥巴和木棍。

李跃儿：孩子的玩具被我们称为“工作材料”。孩子所有的玩都不是真正地为了娱乐在玩，而是他们的发展行为——从开始玩到结束，孩子的能力其实已经发展了，他已经不是玩之前的那个孩子了。

大部分现成的玩具存在的问题是创造玩具的人已经把创造空间全部给开拓完了，孩子并不能拿一个玩具小汽车进行再创造，除非把它拆了再装起来。但是，6 岁之前的孩子没有这个能力，大人又心疼玩具车不让拆。

很多大人给孩子买了玩具后，孩子两三天就弄坏了，就又要买新的。因为大人给孩子的是一个不能供他去创造和发展的玩具，这个玩具对他没有用，他就会拼命地要。就像孩子的肚子饿了，你给他一块泡泡糖，他吃了以后还饿，就想要更多的泡泡糖。

樊登：在芭学园，发现一个特别有意思的现象：孩子们和老师在一起时，会喜欢直接叫老师的名字。这是为什么呢？

李跃儿：十多年前，孩子们就管我叫大李。到现在，家长和孩子们还是管我叫大李。

对孩子来说，老师只是一个职业，年龄跟孩子不同。从人格来说，老师和孩子是平等的，名字就是每个人的代号。孩子们起初也会叫大李老师，随着不断地熟悉与亲近，孩子们就像家人一样会直接叫我大李，我很享受这样的亲密感。

有一天，一个 3 岁的小孩儿，背着小书包，像个布娃娃一样，站在幼儿园门口，质问我："这个幼儿园是你办的吗？"

我说："对呀，是我办的。"

他说："你为什么收那么高的学费？"

我好吃惊，赶紧蹲下来，为了让他能看到我脸上的神情，因为孩子交流是用感受去交流的。我说："你觉得芭学园的学费高吗？"

他说："都收了三块钱，还不高吗？"

这是一个有趣的画面，其实我们的费用是中等的。

芭学园长大的孩子，已经有上千人了。芭学园为其努力去建构的，是适用于人类生活和生存的良好人格状态。

曾经有德国的儿童心理学家来芭学园考察，他们认为芭学园的教育是成功的。其中重要的元素是芭学园的孩子有自我保护能力，他们不容易受伤。

芭学园第一批毕业的一个孩子，她 6 岁去上学，第一天就迟到了。她“当当当”地敲门，因为芭学园为孩子建构的良好的生活习惯是进任何屋子，必须敲门，还有开门的时候要留意门后有没有人，不要碰到他人。

老师让她进来后，批评她：“你怎么搞的……”

她平静地看着老师，老师说完后，她对老师说：“请你不要这样跟我说话了。”

老师很吃惊，心想：哪有一个 6 岁第一天上学的孩子这么跟老师说话的？

孩子接着说：“我明天可以不迟到，我也可以到你的办公室来解决这个问题。”

在芭学园，孩子有问题是可以到园长办公室去解决的。这个孩子就有这样的概念。

老师开始上课，这个孩子特别活跃，上课的时候举手说：“老师，你这个地方讲错了，不是这样的。”

老师觉得她扰乱了课堂纪律，让她站在讲台上听讲。

孩子的妈妈觉得一个女孩子站在讲台上太丢脸了，非常焦虑，担心对她的心理造成伤害，因为芭学园非常讲究对孩子心理的保护。芭学园有三个重要的板块：心理健康的保护，人格完善的建构，艺术的熏染。

妈妈放学的时候问孩子：“今天发生什么事情了？”

孩子说：“没有，挺高兴的。”孩子完全没有受伤的样子。

妈妈说：“老师是不是对你有一些特殊的对待？”

孩子说：“老师可好了，让我站在最前面，能看到全班的同学。”

孩子就是这样，不受伤，乐呵呵地面对一切。后来，老师也没有再继续让她罚站。

芭学园第一批毕业的孩子现在已经高中毕业了，还是拥有很高的抗挫力的特质。不过，他们比小时候更加有智慧，更能够在社会群体中知道如何去保护自己、尊重别人，如何能更有益于大家。

关键期的特点及应对

樊登：我们如何界定关键期？

李跃儿：种一棵菜，还要讲究先下种子，出来小芽的时候怎么对待，快要开花的时候怎么对待，结了果以后怎么对待。世间万物都有它发展的阶段和规律性。规律包括它的特质和它需要的帮助。

人的成长中，并没有分为特别明显的阶段，为了家长更容易了解和掌握，我们大致用年龄段和关键期的概念进行讲述。

从出生到6岁，是一个精神成长的胚胎时期。

人是有两个胚胎的动物，一个胚胎是精子和卵子相碰的那一瞬间，形成了一个物质身体。但婴儿离开母亲的身体，只是人的一个胚芽，他小小的物质身体里还有精神的胚胎体。人类的精神带有各自的民族、家族、文化特质、生活习惯，这是一个人的精神内涵。

精神胚胎要在母亲的体外去完成，从没有到有，形成精神的婴儿，即一个人的立场、观点、感受、思维模式、行动模式。这要经历六年才能够诞生。

每一个阶段发展某一个特殊的生命成长任务，被称为“某一个关键期”。

《关键期关键帮助》讲的就是如何给孩子提供精神成长的营养食粮。孩子出生了，我们知道要给他喂奶，奶粉里的营养成分如何才能具足，但只知道喂养他的物质身体，不知道喂养他的精神是非常可怕的。一个人将来成为什么样的人，是由心智模式所决定的。孩子特别积极、热情或者特别被动，都是神经元连接起来的心智结构所决定的。如果 6 岁前不注意养育，6 岁以后想把孩子“改造”成一个热情的人，很难。

让孩子充分地体验成长的规律，这是人类最宝贵的东西，是苍天送给我们的礼物！

安全关键期，也叫“秩序关键期”。从一个摇摇晃晃的水的世界，从一个永不平静的噪声很大的世界，突然经历了一次苦难，来到世界上，完全不同的处境势必令人感到恐惧。

就像直升机把我们空降到一个陌生的区域，不知道这里到底有多危险，内心充满恐惧。如果有一个人站在远处对你微笑，你就会感觉这里是安全的。那么，远处微笑的人就是安全参照点。

安全关键期就是要把以前在妈妈肚子里的经验作为参照点。婴儿要跟妈妈有一段体外孕期，六到八周要跟妈妈的身体在一起，闻到妈妈的味道，听到妈妈的心跳，适应妈妈的气息。这样，他觉得来到这个世界，自己是安全的。

当他能把周围的环境完整地记忆下来，铭刻在大脑皮层中的时候，可以作为安全参照点，这个环境就是他的窝了。所有的小动物首先信任的是自己的窝，因为妈妈一定会把窝建在非常安全的地方。

他会刻板地记录下环境里所有元素的位置和排列，以及完整的形象。比如，在他刚出生的时候，家里的灯在哪里，如果换位置了，他就会焦虑。

这个时间大概有两个月，但有的人会延续到 1 岁多以后，有的到 2 岁还会持续敏感。

没有建立好安全感的孩子，会用一生发展的力量、生活的力量、为社会创造价值的智慧来寻求安全感。这是很可怕的，因为不能确定他做的事情是不是完全有建设性，还有可能是破坏性的。比如，有人得到的钱已经够花了，但还是拼命地要。

没有建立好早期的安全感的孩子，非常黏妈妈，本来跟妈妈在一起还在哭，还让妈妈别走。当然，如果是妈妈晚上回来晚，孩子不停地找妈妈，这未必是安全感没建构好。因为儿童的第一依恋人一定是父母，如果父母跟他的互相依恋关系建构得比较牢固，妈妈不在的时候，他会很难受。如果妈妈没有按正常的时间回来，破坏了他的秩序，他焦虑是正常的，反而这种安全依恋是一个非常好的情况。

人类的神经是从头往脚逐步发展的。吃手最早是从两个月开始，四个月开始能够抓东西往嘴里送，六个月就达到高潮，七个月就开始逐渐朝手过渡了，九个月过渡到手的敏感期。我每次看到很多家长不让孩子吃手，让他把手从嘴里拿出来，都特别悲伤，觉得浪费了很珍贵的发展行为。

儿童是通过外显行为去积淀内在的精神内涵的。起初，人类的神经元是没有连接的，当孩子出生后受到环境刺激，才开始连接不同的信息。

比如，嘴巴啃到东西了，来自嘴的刺激让神经元快速地连接，连接后就形成了心智模式。到了手的敏感期，见了危险的东西、不能动的东西、可能动的东西，如何去决定动哪些不动哪些、喜欢哪些不喜欢哪些，依赖口的敏感期所建立起来的心智模式。

在口的敏感期，有人看到孩子出牙就给磨牙棒，这让他只有一个感觉。其实，啃到不同的东西，大脑的神经元有不同的体验和不同的连接，可以刺激神经元更多地连接。当全世界只剩下磨牙棒，就浪费了口的敏感期的发展。

还有人给安慰奶嘴，我看着可惜死了、心疼死了。安慰奶嘴只有一种感觉，只满足吸吮的需求，并没有发展大脑。

口的敏感期和手的敏感期是重叠的。孩子的一个行为模式建立起来以后，碰到新的东西，他不知道如何处理新的东西，会用旧有的模式去处理。比如，放在口里试一下，然后再决定如何用手去支配它。人类的经验就是新旧交替的。

到了腿的敏感期，所有孩子都出现同一种情况。以前，他会用脚走路，也会踏步，但是到脚的敏感期，他的脚突出地对他所踩到的环境非常痴迷，爱走不平的地面。

比如，一个小孩儿爬台阶，爬上去、下来，再爬上去。皮亚杰的发展心理学主张人类所有发展行为的本质都是愉悦，为了寻求愉悦，就会出现循环动作，大脑开始发展。

处于腿的敏感期的孩子，爱走地面肌理特别丰富的地方。比如，下水道的井盖，或者地面砖的洞洞里长点儿草的地方。

如果你硬要把他抱起来，不让他走，他就哭、踢、闹。

过了腿的敏感期，他就不想走了，反而让大人抱。

很多爷爷奶奶最生气的就是孩子有个时期到处跑，大人追不上。等后来真的会走了，指望他多走的时候，他又老让人抱。

腿的敏感期，他痴迷于来自脚底的感觉，不断去体验来自腿的感觉。信息从脚到大脑的右脑，右脑把信息用神经元再传递给左脑，左脑的神经元把信息进行加工，形成了大脑的工作能力。

要想让孩子将来学习好，都要通过这些学习。有的孩子一学走路，大人就给他穿上带响笛的鞋，走一步、响一声，听到我心焦。这等于干扰孩子去体验、去感受来自脚的感觉，把来自脚底的信息在大脑里干扰了。他注意的是声音，而不是注意来自脚的感觉。

1 岁往后，孩子进入空间建构敏感期。

孩子会走路，能够在空间移动，就走向了独立。在手的敏感期之前，他就使用手，但是他没意识到手，他只意识到嘴巴。手的敏感期，他意识到手，就有了巨大的意义。不光是能把东西拿来填到嘴里，还代表着一种象征。比如，握手代表着一种精神内涵。

腿的敏感期的时候，儿童发现了自己是可以独立的。

一个安全感建构好的孩子，尽可能地离安全依恋对象越来越远，去探索更远处的事物，开始向空间探索。

当看到整齐的书时，他会通过他的外显行为，比如通过自己的手的力量把整齐的样子给打乱。这种新的模式是由儿童自己的力量所产生的，儿童会产生自我效能认知，这是自信的基础。如果一个人童年时没有建构起自我效能认知，未来，再让他对着镜子喊“我很棒”，都没有好的效果。

这时候，家长会感觉特别受不了。家长对自己挺满意的，觉得自己是好家长，给孩子搭积木，但孩子一来，“哐”的一声就把积木踢倒了。孩子把建好的东西弄乱，来感觉自己的能力，但他又没有发展出恢复好的能力。

比如，孩子整天撕扯手纸，就是自我效能的体验，还有就是在空间位置上进行改变。我们要给孩子这样的机会，当孩子把东西扔过来，最好是再把它扔回去，让他发现事物在空间中是可以移动的。

孩子探索空间，弄坏、弄乱东西的时候，家长再带着他放整齐，就是一个学习如何整理的过程。这给我们提供了教育的机会。

这种状态会一直到 2 岁。

2 岁后会出现几个关键期。

此时不再称之为“敏感期”，因为敏感期只是突出某个行为，而关键期是预备期，也叫作“发展功能的发展期”。

空间感知能力不好的人，就会很糊涂。比方说，本来想摸一下，结果是打得很重。还有的孩子，推着车本来要转弯，但就是转不了，一下就撞到其他物体上了。

还有因果关系。比如，看到有两个木头向前移动，孩子会观察，是前头拉着后头走，还是后面在推着前面走。这是人早期的逻辑思维建构过程。

此时的大脑发展，跟 1 岁之前所发展出来的内容完全不一样。

1 岁之前，他是用感觉器官——眼睛、鼻子搜集信息，搜集来的信息被儿童加工成一个个关于事物的概念。比如，1 岁多的孩子只要听到书的概念，所有的黑书、白书、图画书、识字书，都会纳入到书的概念中。这是大脑工作的过程，高度总结、归纳的能力就培养起来了。

到了因果关系构建的时候，他就开始把 1 岁之前搜集到的信息、建立起来的概念，形成一个心理链条，就是思维列车。

比方说，1 岁之前的孩子玩过杯子，由杯子又发现了给杯子倒水的壶，因为壶，孩子又发现了水，由于水，孩子又发现了烧水的炉子，这是一个系统。

到了 1 岁以后快 2 岁的时候，孩子说一句“给妈妈倒水”，壶和杯子都不在现场，孩子却在大脑里完成了倒水的过程，这叫作“早期的心理活动”。

当大脑里能建立起形象时，儿童就会去探索因果关系。比如，大瓶子盖大盖、小瓶子盖小盖、中瓶子盖中盖的秩序感。

一个人生活中的逻辑为人类以后的思维奠定了一个基础，因果关系没建立好的人，就会出现问题。

有一天，我们公司在二楼做一个活动。大家发愁说，今天没有男人在，谁能把音响拿上来？一个姑娘就说“我去拿”，她是一个很柔弱的淑女。

我们从事幼儿教育工作，判断这个姑娘可能在童年的时候因果关系的概念没建立好，以为音响就是两支麦克风。

大家都爱玩游戏和观察，果然，她拿回来两支麦克风。

大家就跟她讲，音响的整体结构是什么样子的，但她不太能够把信息连接在一起，形成一个系统。

从小学一年级到高中学的知识，有人都是一块一块塞到大脑里的，但是知识和知识的关系更重要。大多数人生活中的常识根本不用别人教，联想的能力是在 2 岁左右开始构建的。有的孩子很简单的题就是不会，还有的人要往床上躺，大部分人会算好距离，知道怎么躺正好让头落在枕头上，可有人计算不好距离，一动，后脑勺就碰到墙上了。

这表面叫作“感统失调”，实际上是大脑反射性地对空间和因果关系的判断有问题。

6 岁没建立起来，此后再训练会极其痛苦，因为他不知道为什么要折磨自己。在腿的敏感期和因果关系敏感期，孩子一天 24 小时只要醒着，就想去训练，但做感统训练，只要 1 个小时，他就已经苦得不得了。

很多父母在孩子该去体验空间的时候阻止孩子。比如口的敏感期，父母要给孩子提供恰到好处的玩具，不要满屋子到处都是东西，孩子心乱了，就没有了选择能力。家长至多提供三个新玩具，两周以后换掉 2/3，留 1/3，跟旧有的经验相连接即可。

空间和因果关系之后，是永久客体。

永久客体就是一个东西不在你的面前，但你依然知道它在。

如果一个人的东西暂时看不到了，但是他分析肯定还在一个屋子里，早晚能找到，但是他就是焦虑，那就是永久客体的概念没建构好。2 岁之内建构的这个概念，从九个月开始穿插进行。

0~1 岁，孩子是通过事物建立自己内在的最基础的心智模式，叫作“通过物质”玩自己的身体。

2~3 岁的时候，是建立人和事物的关系的时期，就是物质与物质的关系、自己和物质的关系。这时候，孩子特别执拗，处在一个小的叛逆期。一般从 2 岁开始，有的早一点儿从 2 岁前就开始了。

3 岁以后集中会出现几个时期，一个是执拗期，一个是完美期，一个是交友期。

每个年龄段大致发展三个部分。到了执拗期，就开始建构对这个世界的概念了，但是他不知道东西是丰富的、是可以变量的，只要本质不变，表面是有很多改变的。

比方说，妈妈烫了头发还是妈妈。但是有的孩子见到妈妈烫了头发，他就觉得妈妈不再是自己的妈妈，哭得死去活来。

我们称这个时期为“执拗敏感期”。他自己建立起来的概念，他固守已经建构起来的初级概念，不允许改变。

比方说，他出门去摁电梯，非要自己摁，够不着的时候大人抱着他摁，他不同意。大人给他个凳子，让他站着摁，他也不同意。他哭得昏天暗地，闹得天翻地覆。

这种试误是有价值的，儿童只有在试验错误中才能够真正建立起内在有关这个事物的认知。当他固执的时候，家长要学会接纳。必须让孩子发现，世界的真实情况就是这样：你可以哭，可以难受，你痛苦，我可以理解你，但这件事情不行。

3~4 岁的阶段，孩子要进幼儿园了。

2 岁的孩子，关于永久客体的概念还没有建立起来。妈妈离开了以后，他的大脑已经留存了妈妈的形象，但妈妈不在身边，他就不能理解，又哭又伤心。到了 3 岁，他知道妈妈暂时离开了，妈妈还会回来，经过几天他就总结出来，妈妈早晨把我送来，晚上会来接我。

3 岁入幼儿园的时候，孩子已经经历了永久客体空间概念和因果关系概念。在人类的基础环境和自然环境中，已经能够自己应付自然环境了。这些概念建构起来，就不会老碰到柜子上，不会老把环境弄乱了。

5~7 岁，关键期就结束了。

关键期是苍天赋予的，孩子会按照苍天给的节律一步一步地走。但是，这个力量消失了以后，孩子就不知道该拿自己怎么办了。

养育环境的好与坏

樊登：我们怎么看一个孩子的养育环境？

李跃儿：芭学园的老师一般在孩子五个月的时候就抱着孩子来上班了。几年的时间，我们发现，这些孩子的社会性能力建构得特别好，主要是带孩子的人是经过专业训练的。

芭学园创造了一个项目，跟其他亲子园不一样，不是给孩子一节一节地上课，而是让家长和孩子一起来做事情。做的过程中，家长学会如何尊重孩子，如何跟孩子一起工作。孩子在执拗期，家长学会该怎么对待。这能对孩子起到很好的帮助。

3 岁以后，就是芭学园的人格建构。如果上过芭学园的亲子园，孩子一进来就是熟悉的感觉就会更好。否则，孩子从家庭突然来到一个陌生的环境，从同化到下一个同化，是人类失去内心平衡的一个过程。

比如，从小学到初中再到大学，一直在念书，虽然念的内容不一样，但是念书的性质是一样的。突然，不念书了要去工作，到单位了就紧张，所有的事情都做不好，担心、害怕、发现别人脸色不对。以前，你是消费者，交了学费，别人为你服务。现在，你是拿别人的钱，你要服务于别人了，完全就不适应了。

这会经历一个心理失衡期，孩子过早地离开了所依恋的对象，就会生病、痛苦、焦虑。本来人类在 6 岁以前，应该跟着家庭一起成长，但是现在人类发展到这一步，不进幼儿园、不尽早地去适应社会、不学习社会知识和社会技能是不行的。

我们要把幼儿园打造得跟家庭环境一样，因为儿童6岁之前，先学习人最基础的生活。办公室的条件再好、设备再好，也不是家的氛围。家的环境再不好，硬件再不好，也是吃、喝、睡的基本生活内容。儿童要先学习过家庭生活，再学习适应社会生活。

养育环境的好与坏，不是指物质环境，而是看成人懂不懂儿童。儿童注意什么才能研究什么，研究什么才能发展什么。

比如，手的敏感期：孩子一吃手，就把他的手拿掉、打、抹辣椒。

再如，孩子洗手的时候，肥皂和水一起配合，使他产生特殊的感觉。

对于人类的发展来说，当水跟肥皂融到一起时，孩子对肥皂能干什么完全不感兴趣，他只着迷肥皂的触感。

如果家里能买一堆肥皂，每天让孩子在水龙头下玩，一直到玩够为止就对了。如果心疼肥皂、心疼水，不让孩子去玩，甚至把他连哭带喊地抱走，那就是干涉了孩子的发展，就是养育环境不好。

还有很多家长在孩子很小的时候，就开始渲染暴力情绪。

我有一次看到一个老人抱着一个孩子，孩子乖乖地在老人怀里，没有任何特殊行为。路上有一条小狗，老人指着小狗说："小狗咬你。"她的眼神放出来的是爱的光，但是嘴里的话却是可怕的。

大人不懂孩子成长的规律，如果懂了，就不会冲上去一人拿一把大镰刀，把孩子可发展的苗"哐哐"全部砍掉，一根不剩了。这是对人的天性的发展机会的浪费。

对芭学园来说，养育环境不好的家庭，孩子越早入园越好。6 岁以后还有机会，因为人到 18 岁物质身体成熟，21 岁精神才完全成熟，还有机会去弥补，只要方法是好的。但如果你用完全是训练式的、集中营训练和其他让人感受到痛苦的方式，肯定会失败。

樊登：送孩子去幼儿园，孩子哭得特别厉害，父母该怎么做？

李跃儿：第一，世界上的哺乳动物离开妈妈都会哭。你的孩子哭是正常的。

你把孩子养育得再好他都会哭，如果孩子不哭，我们就会担心他是否存在阿斯伯格综合征，或者自闭症。

我们太害怕孩子不哭，除非孩子在别处已经有过训练。

孩子被送进幼儿园，哭得很厉害，这时候，家长的心应该放在肚子里了——孩子是正常的。他的依恋模式是最好的依恋模式，叫作“安全依恋”。

回避型依恋是妈妈回来了他既不管，又不理，把他送到幼儿园他都没哭，直接冲进去就拿着玩具去玩。这样的孩子反而令人比较担心。

孩子有分离焦虑是正常的。分离焦虑如果特别严重，一般来说，因为养育环境过于单一，只有家里几个人，领到院子让孩子自己玩，很少有跟其他孩子冲撞、抢玩具、亲密交往的机会，那孩子只要离开家族的人和家族环境就会焦虑。

这样的孩子被送到幼儿园，完全是跟其他人在一起的，没有家人作为背景支持，他焦虑的时间就会很长。

一般来说，孩子的情绪都是由成人传导的，儿童的灵魂似乎没在物质身体以内，它是在物质身体以外的。你站在儿童的背后，如果情绪恼怒，他都有反应。

第二，你要选一家让自己放心的幼儿园。

第一方面，幼儿园的老师懂孩子；第二方面，幼儿园的办园宗旨是建立在帮助孩子上的，而不是帮助老板多挣钱；第三方面，幼儿园所有的发展目标，都是朝向对孩子有利的，所有人员的提升都是朝向要实现这个目标。幼儿园的管理者要是一个对教育极其感兴趣、极其有人类学情怀的人，他会带着这个团队去实现自己的教育理念。

选了这样的幼儿园，家长可以放心了，也不用安摄像头了。为了选这样一个幼儿园，你付出再多都值得，因为这个阶段对孩子未来成为什么样的人很重要。

第三，孩子焦虑的时候，家长如果自己也很难受，这也是正常的。

看到孩子交到别人手里头那一刻，家长如果不难受，就不是一个好家长了。此时，家长可以看自己难受的原因到底是什么，是对对方不信任，还是作为一个母亲对自己孩子的不舍……这些都是正常的情感。

如何去解决这个情感问题？要告诉自己，幼儿园已经有很成功的经验了，尤其是办园时间长的幼儿园，时间验证幼儿园有能力照顾好孩子。孩子哭既然是正常的，就可以安排自己去散步、喝咖啡、看书、看电影。大约过一个星期之后，妈妈会开始好起来。如果孩子焦虑的时候妈妈也焦虑，孩子焦虑的时间会更长，等于是妈妈在帮孩子修炼焦虑。

第四，送孩子的时候，家长要尽量淡定。

不要跟老师形成对抢。比方说，孩子抓住你的头发了，你拼命地撕扯就成了战斗。冲击力就会把孩子吓坏，他会感觉自己被陌生人抢走了。

家长可以先把孩子的大拇指轻轻拨开，再把孩子的其他手指和你的头发分开。

你握住孩子的手送给老师，老师早就预备好了，家长笑着跟孩子说“再见”，在孩子面前一定要笑着走。一定不要偷着走，孩子一扭头，发现妈妈不见了，是不可以的。如果妈妈的眼睛在走的那一刻露出非常同情、可怜孩子的光，就会影响到孩子，让孩子认定自己在受苦受难，明天会哭得更凶。妈妈在看孩子的时候，要蹲下来，平静地看着孩子，等着孩子最艰苦的时间过去，让孩子透过妈妈的脸和眼神知道这里是安全的。

入园集中的几天，我们园长和教导主任会站在门口，看到谁流眼泪了就赶快跟出去安抚。要不然家长会联想，比如孩子放到这儿，老师会不会把他扔在沙发上，不再理他，孩子这一天多可怜……妈妈如果忍不住想哭，就不要看孩子的眼睛，而是看鼻子和脖子。只要不看眼睛，眼泪就出不来。

孩子打架到底怎么办

樊登：幼儿园里，孩子被别人揍了，到底应该怎么处理？教他揍回去呢，还是忍？

李跃儿：我经历了两个失败案例。

一个孩子每天回去说：“爸爸，今天谁谁谁没打我。”

爸爸一听“谁谁谁没打”，就认为每天都有人打他的孩子。

爸爸教孩子：“明天他打你，你就打他。你能打人却不打是道德品质高尚，本来应该打你不敢打叫‘窝囊’。”

第二天，孩子一进教室，先叉着腰，脚尖绷得很直……

芭学园注重每个孩子的自我特质，各路“神仙”都有，大家见怪不怪了，横就横吧。

可是当天晚上，爸爸就打电话了，要拍桌子了，说孩子今天回来，眼睛哭得红肿。

我就问老师：“为什么哭得这么厉害？”老师说这孩子今天不知道为什么去打各种各样的人。别人正弯着腰，他去在别人脊背上打一拳。

这个孩子还没有练习打人的技术，他总是打人家一下就等着。有的孩子练了打人的技术，打完就跑。

所以，当天这个孩子跟很多孩子打了架。

我问他爸爸：“你在家做了什么？”他说：“孩子老被人欺负，我今天早晨教他反击。”

我说：“你知道孩子反击谁吗？”

他说：“当然反击那个打他的了。”

我说：“孩子完全没有概念，他光记住了要打。他打那些没惹他的人，而面对打他的人，他不敢打，这是人的本能。”

这是一个失败的案例。

还有一个失败的案例。芭学园是混龄班，混龄班是想让孩子的社会环境更复杂，孩子的社会性能力建构得就更好，因为一个人不会从小到大都在同龄人中生活。

有一个爸爸想象混龄的环境中，大孩子一定会欺负小孩儿。

他的孩子快要入幼儿园了，他就去教孩子打人。家里不能打妈妈，爸爸就让孩子拿着玩具打他。爸爸假装被打倒，让孩子有成就感。

快入园的时候，孩子有一天拿了个盘子扔过去，把爸爸的头打伤了。这时，爸爸也想到了，如果孩子在芭学园把玩具扔出去，打伤其他孩子，那就出大事情了。

他问我怎么办。他说："孩子以前不打人，是我把他训练成这样的。"

我只好给他讲了在芭学园关于打架的概念。

国际儿童发展心理学机构给人们 30 条建议，其中有一条就是小小地打一架，因为 6 岁之前的孩子打架，顶多一个小拳头，打得稍微疼一点儿，也不会伤到生命，但是通过打架，孩子就比较了解，跟别人互动还有一个打架模式，打了架也不过如此。

如果一个孩子在童年没打过架，到 13 岁如果有人横一些，想要从他身边过去，他就很害怕，害怕就会招致这个人本来不想打都要打他。如果处理得不好，就会陷入巨大的危险，因为十三四岁的孩子是最冲动的时候。

为了使一个儿童内心抗得住人与人的冲突事件，我们比较希望孩子在 6 岁之前，能够经常有一个吵架、打架的机会。现在，在芭学园，孩子如果互相吵起来了，老师会密切注意。芭学园第一批的孩子，是要打得需要老师干预的时候老师才上前。

打架对人类成长是有好处的，就像孩子走路的时候，摔跤对他有好处。如果他不摔跤，将来摔倒了以后，两只手都没有反射性的支撑行为，自然的自我保护机制就没了。

现在的文化氛围，第一认为打架是不好的，第二是家长内心承受不了。我还是比较怀念孩子能打架的时候，男孩很英气的样子。

当孩子回家说自己和其他孩子打架了之后，家长可以这样回应：

第一，家长的心里不要认为孩子是受害者。

孩子有架打说明孩子跟其他人在互动。最可怕的是孩子在群体中被忽略了，没人跟他玩、没人理，孩子的社会性能力就建构不起来。

人类社会中，不论你是谁、具有什么能力，都是通过为他人服务获得生存机会。所以，如果你不能感受他人、不能体贴他人、不能了解他人的需求，将来会无法生存。

第二，不要把打架当成欺负。

欺负在好的学校氛围里是很好的，如果一听打架，家长马上当成欺负，家长自己就有受害者心理。受害者心理会把打架无限地想象、放大，家长就开始愤怒、开始攻击，把孩子的社会环境破坏了，孩子只好被孤立。一旦孤立，对孩子的社会性能力的建构就很麻烦。

孩子在 6 岁之前必须建构社会性能力，此时的孩子没有评估能力、判断能力。如果 6 岁之前，一个男孩想要和一个女孩玩，可是这个女孩不理他，他不会太难过，会继续邀请她和自己一起玩。这样持续一年，男孩都没有自我评估，是不是自己不够好，对方不和自己玩，或者是对方太坏了，不和自己玩，他没有以上的评估。

到了 6 岁以后，他成熟了，会觉得我可能不够好，人家都不喜欢我，或者他们都是坏人，我不要跟他们来往，那就麻烦了。

6 岁之前，你会发现，孩子在跟人交往的时候，是完全不进行这样的评估的，他会一门心思地按照苍天给他的任务去完成社会交往。

第三，孩子哭诉的时候，家长唯一的办法就是平静地去倾听，不要加任何评论。

家长并不知道发生了什么事情，不要加任何评论。等孩子倾诉完了，家长可以讲故事。比如讲自己小时候，有个小男孩，很喜欢和我玩，我坐在那里，他就老揪我的头发，我就特别生气，我是如何如何解决的……或者讲一个绘本上的小熊的故事，孩子会从这个故事里获得经验，就会去慢慢练习这个能力。

最不好的幼儿园是完全没有打架的，孩子全部坐着上课。因为孩子特别害怕老师，根本不会有打架的行为。

一般好的幼儿园孩子是自组织——孩子自然组织出来的群体，会有打架、吵架，各种社会上发生的成人之间的问题在幼儿园里都会有。所以，我们叫“儿童江湖”，孩子会成长得很好。

为人格建构保驾护航

樊登：您如何看幼小衔接？

李跃儿：现在号召不再做幼小衔接。实际上，是把小学的课程下沉到了幼儿园的教学机构，并不是不做幼小衔接。

幼儿园自有幼儿园的发展任务。

第一，学习探索他人的心智。孩子在 4 岁的时候，探索他人的心智可能会有撒谎、编故事、偷东西的行为，要给孩子两个月让他去发现自己知道的东西别人都不知道。如果孩子没有构建起这个能力，以为自己知道的东西别人都知道，那是没有办法生活的。

到了 6 岁，孩子会进入群体。3 岁的时候，孩子建立友谊，只想跟一个人在一起。到了 6 岁，想进入一个四个人的群体，哪怕群体里没有一个是自己的朋友。他会通过三种方式：第一种是说服他们接受自己的意图；第二种是放弃自己的意图，去适应他们；第三种是拿物质把他们都收买了。这些都是需要练习的。这些如果都没有建立好的话，6 岁之后进小学就会很成问题。

第二，提高学习能力。学习能力就是学习模式，5 岁之前，就是通过身体学习的，儿童是通过行动去思考的。5 岁之后要上学了，孩子通过坐着、身体不动，用大脑去思考。如果不转换，上课了还用身体学习，就无法上课。

第三，要练习表达。孩子以前是用行动去表达，比方表演我是一条蛇，到了 6 岁以后，需要写“蛇”这个字。

人格建构没办法通过授课的方式来完成——讲述、问答、抄写这些传统的教学模式是没办法用的。

幼儿园如果用的是讲述、抄写、问答的模式完成人格建构，说明这个幼儿园不是好的幼儿园。

樊登：您在书里列了爱的误区，您觉得哪些错误居多？

李跃儿：第一个是大人心情好的时候，孩子就可爱；大人跟老板吵了一架，就看着孩子哪儿都不对了，便去伤害和攻击孩子。

第二个是仆人式的爱，孩子要什么就给什么。孩子打家人，家人还说打得好。这样的孩子将来会把在家庭中所获得的这种模式泛化到社会交往中，就容易处处受伤害。

第三个是忽视。

第四个是把孩子当白纸：我爱你，我要把你培养成物理人才。

第五个是公式化的爱。

第六个是隔代教养，好多家庭中都是爷爷奶奶、外公外婆帮着带孩子。这是我们面对的一个很大的问题，已经十几年了。首先，就是老人刚带大了一个孩子，可以安享晚年了，现在又来了个小的。越来越多的年轻人把孩子直接扔给老人，老人完全没有心力了，又要重新养大一个人。对他们来说是很愁的，他们要受累又要受苦，还不能不高兴。

我们发现最成功的案例是年轻的父母唤醒老人对教育的研究，老人把孩子作为一个良好教育的实验品，就会有信心了，就有一个事业了。

芭学园有这方面的教育培训，即家长工作坊。一般年轻父母不让老人来，他们觉得自己平常没有时间带孩子，现在要花心思，就是去培训。结果，他们接受完培训后回家就指责老人。这是很糟糕的模式。好的方法是给老人花钱、让老人去接受培训。学习回来后，老人就有力量了，他就去探索了。

我是幸运的，有自己可耕耘的精神田园。我一辈子喜欢教育，老了我要么从事继续教育，要么画画。

很多人年轻的时候，没有人帮助他们去开拓自己的精神田园。晚年，工作已经没有了，精神生活也没建构好。

如果他能被送去学习，又给他一片事业和一个可耕耘的家园，老两口儿可以在学习后讨论如何给孩子建构原则。当学习了手的敏感期后，在实际带孩子时，老人发现孩子的手的敏感期确实来了，是非常兴奋和享受的。

这像栽了一院子的植物，能够拥有看到它们成长、开花、结果的幸福感，而且看到孩子身上的人格特质，是你培养出来的。

樊登：很多家长把孩子送到芭学园，但是芭学园承载的能力是非常有限的。大家在挑选其他的幼儿园时，从内行人的角度说，如何能够判断幼儿园的好坏？

李跃儿：第一要看环境。环境虽然不是为了让大人觉得幼儿园材料很贵、很高级，但是幼儿园的每一个细节、边边角角都是为孩子去做的，做妈的肯定能看到。

比方说，我从这个角度看过去就很美，像一幅静物画一样，如果有两个孩子蹲到这儿就更美了。那么，我是考虑儿童的审美，就像空气一样，让他只要在这个环境里，就有可能成为一个有艺术感、有素养的人。

所有的老师都很放松，脸亮亮的、红红的，所有老师就像在自己家一样。他们的微笑和跟孩子说话，都是很自然的，不是见了家长，装得过分亲热和快乐，用夸张的口气说话。因为一个正常人一天 24 小时都那么“快乐”是受不了的。

好的幼儿园，园长和管理层对老师都很护持，大家知道老师心里不舒服，再让他们爱孩子是不可能的。好的幼儿园老师很放松，而且走路也不会快快地走。

你和老师交流的时候，如果是他们打开门笑，他们的笑容应该是从教室里头带出来的，而不是打开门以后才笑的。

我从 1980 年开始做教育，直到现在。做教育最核心、最重要的事情是，要知道教育是人类升沉的枢纽。人类是一个可变性很大的动物，可以变成狼孩、猪孩，也可以变成君子、圣人。

要保证人类的这个特质不沦落，枢纽就是教育。

搞教育的人要知道：一旦你下决心搞教育，这就关乎人类是成为人，还是成为动物。这么重要的把手在育人者手里攥着，就一定要有这样的使命感，这是不可以突破的底线。

任何教育机构，可以追求正当盈利，但是不能够突破教育底线。如果只把教育看成赚钱的工具，那是人类最糟糕的一件事情。

当然，做教育的人还需要专业。有的人一心要搞教育，但是并不懂教育，就像一个人说：“我不懂医学，但我非常爱你，我现在要给你开刀。”后果将不堪设想。教育是人类最复杂，也是最高级的职业，必须很专业。

翻转式学习：孩子当下的学习与未来的教育

《翻转式学习》对我影响很大，本书的两个作者分别是拉塞尔·L. 阿克夫和丹尼尔·格林伯格。拉塞尔·L. 阿克夫是宾夕法尼亚大学沃顿商学院管理学荣誉教授，丹尼尔·格林伯格帮助成立并发展了位于马萨诸塞州弗雷明汉的瑟谷学校。

《翻转式学习》的分享，会对孩子的学习产生很大的帮助。樊登读书开展线下活动时，有一位大学老师告诉我，他用这本书的理念改造了他的课堂教学环境。学生原本上课的状态，是不停地看表、心不在焉，非常涣散，结果一经改造，学生们在课堂上玩得特别开心，甚至还跟老师讲，能不能别下课。

读完这本书后，我发现作者在吐槽整个人类的教育。他们提出了翻转式学习的理念，探讨怎样能够把教育引回到正轨上来。

人类教育的可笑之处

书中提到传统教育强调教，而非学。很多知识在一个人毕业后三至五年，基本就忘记了，老师是记得最清楚的人。

书中有一个例子：作者做讲座的时候，有个学生问他什么时候第一次教课。他说是 1941 年 9 月。学生接着问什么时候最后一次教在学生时代学的课。他说是 1951 年 9 月。

我反思自己，第一次当大学老师的时候，我去教公共关系，我没学过这门课程。我本科学的是金属材料技术处理专业，硕士学的是管理，博士学的是传播学。

因为我要教学生这门课，我就去新华书店把能够买到的所有关于公共关系的书都买了回来。用了一个假期，我把所有的书都看了一遍。看完了以后，就做笔记、画导图、准备课件。讲了几年，竟然有很多人找我请教。

真正能够使我们学得会的东西，并不是在课堂上老师教的东西，而是一个人的责任感。很多书友见到我就问："樊老师，为什么你读了书就能记住，我们读完书就忘了？"

我给他们的建议，永远只有一个——讲给别人听。当你有这个责任感时，你就会记得很牢。这就是翻转式学习的基本理念。

这本书大体分三个结构：第一块是讲传统教育的问题所在，第二块是讲现在社会为什么存在着转机，第三块讲理想的教育到底应该是怎样的。作者还给出了一个范例，就是美国的瑟谷学校，从 1965 年创办至今，它是一个完全翻转式学习的教育典型。

现代教育是伴随着工业化的进程在不断发展，工业化的前提就是要把人变得更加统一，变成一个机械化的方式。因此，我们就给人们划分专业，打破了人完整的天性，人变成了听话的机器，这是最基本的前提错误。

书中有一个案例：物理学家米特拉在印度的贫民窟做了一个实验，在一个洞里放了一台能上网的电脑，安装好后，大家就都走了。

贫民窟的小孩儿开始过来玩电脑。神奇的事情发生了，在没有人教他们的情况下，他们几乎瞬间就获得了基本的电脑技能，能用鼠标指点、拖拉、删除、复制，甚至浏览网页。他们还自己发明称呼，比如在电脑上显示程序运行的沙漏，他们叫作“湿婆之鼓”。他们还发现了微软的绘图工具，用来画画。

这个案例中，我们看到人类的摸索和探索是多么重要。

我上学的时候，曾在一家广告公司里兼职。公司的美工是一个湖南的孩子，没怎么上过学，不懂英文，但用的是全英文版的软件。我们一帮大学生坐在他旁边，看他特别熟练地用软件。我说：“你知道那是什么意思吗？”他说：“完全不认识，但就是因为老用，手就特别熟练。”我们只能站在旁边，请他帮我们做效果，他很快就做出来了。

人类自我学习的能力是非常强的，只是有时候孩子学习的能力被局限住了。我们强调老师要怎样按部就班地教，而不是强调学生怎样学。实际上，一个人学习的主动性一旦被激发出来，没有人教他，他也能够学得很快。

一个人学习的过程就是他成长的过程，伴随着成长，不断地增长知识是一种更天然、更自然的教育方式。

当我们在错误的前提之下，机械地学习这些既定的知识模块，使劲儿干的时候，就会导致这样的结果：“把错误的事情做得好上加好，必然而且会不可改变地导致糟上加糟的后果。”

正确的方法是做正确的事，即便做错了，也可以重新尝试。但我们在一个错误的方向上再使劲儿，也是徒劳。

所以，应激发一个孩子的学习兴趣，让孩子自己主动去尝试。这是和现代教育在根本上的偏差。

在课堂环境上有很多错误，书中有这样一个例子：假如你在高楼里，身上带着一个灵敏的气压表，如何用气压表测量出楼房的高度？有个学生想了一个办法：把气压表从楼顶扔下去，测量它落到地上用多长时间。另外一个方法是把气压表固定在长绳子上，放到地面，测量绳子的长度即可。

考官宣布不正确，一个学生据理力争。考官又给了他一次机会，学生说："我把气压表作为礼物送给管理员，让他告诉我楼的高度。"

这当然不是考官等的答案，答案是测量楼房底层和顶层的气压，运用从楼房底层到顶层气压下降与高度增加关系的公式，计算出楼房的高度。

很多问题都是生硬地套用公式来算的，但是事实上在生活中，你会发现我们所面对的基本上没有简单的问题。比如说，这件事按照原理讲应该是这样的，但是有个人不高兴，你怎么处理？

考试的时候考来考去，总在拼记忆力。你当然不能问别人，否则就是作弊。但生活中，遇到一个问题，你完全可以先考虑找一个什么样的帮手，组合成一个团队。这才是我们解决问题的正确方法。

我们学了智猪博弈、囚徒困境，可我几乎从没有遇到过什么问题，一定要用博弈论的方法来跟别人处理关系，反倒更多的时候是"这事我包了，你放心吧""为朋友两肋插刀"。我们经常不理智地处理问题，而不会套用公式的方法处理问题。

教学环境所模拟的东西，是典型的让人们不会去解决复杂问题的方法。这就是为什么很多学霸普遍都并不怎么成功，而像马云、比尔·盖茨、乔布斯这样不听话的人，反倒拥有大量的创造力，成为很棒的创业者或者企业家。有的学霸太听话了，被塑造成规规整整的、老老实实的机器。

在现在全球的教育中，基本上推行的是打击创造性行为，要求标准答案这一种方法。这是我们说的教学环境的谬误，还包括科目的划分。科目划分这件事，是亚里士多德那时候开始的。现在，你会发现，我们在学校里学的总是专业，但是一出学校，我们要找跨学科合作，经常涉及边缘领域。就是我们必须知道，一个人得是一个完整的人，而不是某一个学科的人。一个科学家如果不懂得带团队，那他也就只能是一个实验员。他必须懂得带团队，才能够做出一个伟大的课题。

孔夫子在两千多年前就讲“君子不器”，就是不要给人分门别类，说某个人就是干什么的。每个人都是一个完整的人，这才是最重要的。

孔子的教育理念，其实跟瑟谷学校，跟我们今天讲的翻转式学习非常接近。《论语》中，孔夫子很少说：“上课，现在我给你们讲一段……”总是学生跑过来问什么叫“君子”？什么是“人”？怎么去求甘露……

当学生有主动性想要解决各种各样问题的时候，老师所做的事只是稍微点拨一下，学生来讲一大段回应的话。这样才能够让学生感受到这里学习的主体是自己，是学生要学习，而不是老师逼着学生按照教材往前推进，这是最根本的问题。

教育存在缺陷的根源

对于现代教育出现的问题，两位教授分析第一个原因是学校破坏了孩子的自由精神。电影《摩登时代》里，卓别林拿着个扳手一直拧一直拧。一个有创造性的人，是根本没法做这样的工作的。工业化要求每个人按部就班，每个岗位要求干什么就干什么，导致教育扼杀了自由性。因此，人们才会变得更加听话。

第二个原因是工业化的影响，工业化对我们的要求是，传授给下一代基本的技能，因为传授给下一代具体的技能，最有利于我们一代一代把这个产业传递下去。这些具体的技能就会变成一个章节一个章节的内容，考核标准化。每个人都是反抗者，反抗的方法就是遗忘。

为什么你要遗忘？因为你不喜欢它、你恨它，你一想到高中做物理题，就跟惨痛的高中生活经验结合在一起。你不愿意记住这段惨痛的经验，就选择连带它一块儿忘记。

反过来想想，有些事在你脑海中真的忘不了，是美好的事物。比如初恋，你在追求一个人时的心动。

翻转式学习，就是一个人主动地想做一些事。

我上大学的时候，最大的收获有两件事。第一件事是我们代表西安交通大学参加大专辩论赛，得了冠军。辩论赛就是翻转式学习，我们为一个辩题去主动找素材、玩命地学习，看几十本、上百本书。那时候所学到的东西，深深地印在我的脑海中。还有一件事就是我去打工。我在广告公司打工，我自学了广告文案的相关知识，开始帮人想方案、出文案。这都是在大学里忘不了的事情。

那些坐在教室里认真地为考试而学的知识，无论是本科还是硕士，我真的对不起我交的那些学费，很多都忘记了。简单地一对比，就能立刻发现翻转式学习和传统的正统教育之间的区别。

有人问："万一不用那种传统的教育方式，孩子们会不会不想学，总想玩？"

玩的过程本身就是学习，孩子在 6 岁以前学东西很快。我儿子上小学之前，家里没有刻意教过他识字。他自己愿意问，我们就告诉他；他学会了，我们就表扬他。有一次，我们给他做了一个测试，数他到底认识多少字，上小学之前，他认识的字达到 2000 多个。在没有任何人打算教他的情况下，这孩子就能学会这么多东西。

翻转式学习的方法，就是孩子有了主动性，学习能力和学习内容的广度、深度会远远超出你的想象。让孩子为了记住一个字，你和孩子协商一百遍，真是小瞧了孩子，限制了孩子学习的能力。

这种教学方法可行的前提是所有孩子都是一样的记忆和理解能力。有的孩子可能学语言文字很厉害，他可以学更多的语言文字；有的孩子画画很厉害，他可以学更多的相关知识。

现代教育最大的败笔就在于他们用了各种各样的方法来抵制教育改革。

第一个就是小班制。小班制是一个班只有二三十个学生。而如果一个班上 70 多个孩子，你的孩子有可能遇到更多类型的人，学到更多、更有意思的东西。两位作者强调打破小班制，根本可以没有班，大家自由组合，谁愿意在一块儿玩就在一块儿玩。这才是他们组织学校的方法。

第二个就是终身教职。有了终身教职后，老师就没有了任何做教育改革的动力。

书里有一段话我特别喜欢：

> 错误分两类——做而出错和避而不做。做而出错就是做了不应做之事，避而不做乃是没有做应做之事。二者相比，避而不做的代价通常更为昂贵，因为补救一个过错的机会要比改正已做过的事情难得多。

当我们要求很多学生听话、照做、回答问题的时候，学生也学会了怎样做到避而不做。方法就是不再主动做事、按照要求做事，这就造成了大量的被动型人格的产生。

正确的方向是，宁愿一个人做而出错，他在努力地做事，出了错他可以改，也好过这个人永远不做事。不做事是最大的败笔。

可憧憬的未来教育

未来的教育会如何，我们在当下就看到了改变的机会。现在，你根本不需要只从老师那里获得知识，老师的知识含量再丰富，也超不过“沃森医生”、谷歌和百度。任何领域里，你都能找到最佳案例。你可以与地球上任何一个地方的人形成兴趣小组。如果你真的喜欢一件事的话，就一定能找到这样的俱乐部，与人交流，沉浸其中。你的新想法可以非常简单地广而告之。当你把想法变成现实的时候，有机会立刻获得丰厚的回报，并能够获得用户的及时反馈。

现在的社会给我们创造了一个特别大的机会。

跟随你的心去做事，是现代移动互联网时代带给我们教育改革的机会。

通观教育，最重要的不是考试，也不是上课。

第一是激情。你学一样东西的时候有没有劲儿，是不是特别想钻研它。

我小时候特别喜欢集邮，这是课外的事，没有人要求我学习集邮，但是因为特别喜欢集邮，所以我研究了大量邮票，凡是跟集邮有关的信息，我都会去搜集。那时候，我真的算半个集邮专家。

我儿子特别喜欢天文，我们家没人喜欢天文。他现在整天跟我们讲星座的故事、地球的故事、宇宙的故事，他讲的知识不是想象出来的，而是真的学了很多天文学的东西。

第二是决心，就是一个人相信自己能够把它学会的决心。

第三是自信。有一位家长在微信上向我求助，她女儿在老师布置作业的时候走神了，没听清，就问了老师。老师很生气，当着所有同学的面，狠狠地批评了她一顿，说“你听课不认真，这次作业就别做了”。

女孩回家好难过，哭得天昏地暗，她是个好学生，很少受到这种对待。我听后觉得我的心真的挺痛的，老师的要求过于严厉，连孩子走个神、没有记笔记都不能接受，都没有耐心去再讲一遍，这怎么能够教出一个品格完善的孩子？怎么能让一个孩子对别人有耐心、有爱心?

有时候，我们不断地打击孩子的自信心，甚至很多孩子在很多地方表现得很棒的时候，大人还要说“你不要翘尾巴”。我见过有的老师对学生们说：“你们将来毕业了，如果能找到一个 8000 元月薪的工作，就算你厉害。”

大人本来是善意的，可是大人不相信这些孩子身上所拥有的潜能。

自信是很重要的，思考能力、分析和解决问题的能力、交流的能力、与他人互动的能力，这些都是学习中很重要的部分。

《翻转式学习》提出责任感很重要，就是你有没有觉得一件事是自己应该去学习的。我曾在一个中学做演讲，我对孩子们讲：“一定记住，你们学习绝对不是为父母增光，你们学习唯一的目的是自己要把它学会，自己认为探索这个世界很有意思。这才是我们学习的目的。”

那么，到底什么是理想的教育？两位教授从学龄前开始讲起。学龄前，应该去培养孩子的学习能力，满足孩子真正的需求，而不是力图用自己心目中孩子的需求取代他们真正的需求。

有一些家庭，到了点就必须吃饭。孩子如果不吃，爷爷奶奶、保姆、爸爸妈妈会追着这个孩子，甚至威逼利诱。我还曾经见过有人在饭桌上把孩子训哭的，结果孩子一边哭一边吃，他实在吃不下。这根本没法让孩子感受到自身的节奏。

我们的喂食方法就是一种教育的节奏，这种教育的节奏从一开始就出现了问题，我们应该让孩子自己去体会怎么样是好的。

书中讲到许多人给孩子自由的时候总是很担心浪费，比如，今天孩子对卫生纸感兴趣，明天是大米，后天是面粉，大人担心孩子要毁掉一切。其实，孩子是企图学会如何正确、安全地对待环境。

大人应该向这个孩子解释这个世界，解释得越多，孩子的大脑发育就会越快，跟家长的亲密关系也会越好。

不要去心疼卫生纸，你不让他做，他做得更厉害。你应该给他创造机会，让他去探索这个世界，我们唯一要规避的就是危险。比如说，他爬向一把刀子，这时候，你要告诉他这是刀子，很危险，然后赶紧拿开。除此之外，他哪怕在地上爬，拿嘴舔了一下地板，都没多大问题。

学龄前最重要的原则就是允许孩子犯错，“不拿篮球的人永远不犯规”。

孩子 6~18 岁时，要知道学习是一种自我激励和调节的结果。孩子自己找一个目标，自己负责调节。要给予所有的兴趣同样的地位，比如说孩子喜欢做手工、喜欢画画、喜欢研究中世纪打仗的事，都很好。

孩子们没有课堂，只有共同的兴趣小组。有共同兴趣的孩子聚在一起研究如何解决问题，商量怎么做更好。大家寻找材料，动手做出成果。没有所谓的老师，学校里没有准确区分谁是老师、谁是学生，只有给课题提供帮助的人。

这里的主角是有着共同兴趣的孩子们，不用年龄来划分。

我们小时候都有这样的经历，和我们身边很小的孩子在一起玩，打破了班级的构造。通过观察学生们的兴趣，老师来引导大家充分地学习。这就是社群。

做自我评估不是由考试来进行的，而是由小组成员共同来民主决策。民主决策要求 6 岁的小孩儿也有投票权，所有的孩子一块儿投票。比如说，咱们学校能不能办一个睡衣派对？老师下次还能不能接着留任?

用这种方法让孩子们习惯于用民主的方法来决策。

使用这样的方法，孩子依然可以上大学。有的孩子想去哈佛大学读书，有的想去耶鲁大学读书，就会有这样的兴趣小组，研究怎样才能考入理想的学校。

大学教育是为了学习的快乐，而不是只想着就业。我们现在一进大学，首先想的是将来到了社会上做什么工作。其实，大学里学的东西将来未必能帮你找到工作，大学不是技校，大学要学的是这个世界上你还不知道的、需要探索的领域。

理想的教育是没有入学要求，有毕业要求，毕业的时候要拿出一个惊艳的作品，通过实践来获得技能。比如说，学习工商企业管理的人，可以去做生意，去学习合作。

没有所谓的老师的办公室。如果人为地把老师和学生划分开，学生一般进老师的办公室都会特别怵。现在是老师跟这个兴趣小组在一起，老师可能是队长，大家共同完成一些具有一定难度的任务。学校里取消教授职称，没有等级之分，人们都在享受教与学的过程，甚至是学生教老师的过程。

两位教授提出了一个很有创意的想法——使用教育券，政府发给父母教育券，教育券的价值相当于每位学生的平均花费。这样，父母和孩子也有了选择学校的自由。教育券能够快速地使这个市场变成一个有结果导向的、家长和学生来投票的市场。

瑟谷学校的成功试验

瑟谷学校于 1968 年开始运作，是一个真正执行翻转式学习的学校。

学校招收 4 岁以上的孩子，大部分学生是 19 岁或者再小一些的。

这里很有趣，孩子们可以自由地玩耍，因为没人意识到自己正在“学习”。孩子们根据自己的兴趣自由活动：有的人可能在做手工；有的人在讨论中世纪史；有的人在听音乐；有的人在彩排话剧，可能是原创的，也可能是经典话剧，他们可能想演出来，也可能只是为了一时好玩……

老师们穿插其中，帮孩子们实现他们兴趣的目标和要求。

这里的孩子习惯于独立做事，也能够克服困难。他们探索自己的兴趣，选择的大学也是兴趣可以得到满足的地方。有一个 4 岁起就待在瑟谷学校一直到毕业的人回忆，说自己在瑟谷忙极了，他度过了一个极棒的童年。

咱们今天的孩子如果真的不上学了，很多孩子会打游戏，因为他除了打游戏能够发泄和放松之外，别的事都一概觉得没意思。事实上，坐在那儿对着一个电子屏幕打游戏挺没劲儿的。生活中有特别多有趣的东西，但是我们不让孩子们做，所以导致孩子们对整个生活丧失了信心。

瑟谷学校的孩子们从刚开始上学就忙了，他们忙着各种各样的事，他们要完成这个社团的任务，完成那个社团的任务，他们需要演话剧……忙极了！

每个人在小组里都有着责任，所有人都非常快乐。重要的是，每个人都在努力挑战最难的事。千万不要小看孩子们，我特别希望家长们好好回忆一下孩子 6 岁以前的状况。当他有一个挑战的动力的时候，他整天希望挑战那个更难的事，他是希望探索的。但当我们不断地打击他，不断地告诉他“你不能探索”，不断地说“你要老实点儿，你要上课、你要排名、要考大学”的时候，他慢慢地就对最难的事退避三舍了，他不再去碰那个东西。我们扼杀了孩子的探索欲望和责任感。

所以，瑟谷学校出来的学生，总能在社会上找到自己的价值。他们涵盖了美国所有的职业类型：学者、商人、专业人士、艺术家……

我看完这本书以后很激动，给一个大学的校长发了微信，聊到大学真的有很多可以改进的地方。这位校长很高兴，他也提倡老师学习翻转式学习的内容。比如说在课堂上，不再是老师讲、学生听，而换成学生讲、老师听。然后，老师给学生布置一些具有挑战性的任务，而不是具有标准性答案的任务，学生的感觉就会不一样。

我们和孩子在一起的时候，如果换一种思路，想想怎么能够调动孩子的学习兴趣，怎么能够让孩子探索更广泛的课外阅读，这就是教育理念的转变，也是翻转式学习给我们带来的变化。每一个学习的人都是影响身边其他人的一颗种子。大家一起传播，让这本书影响到更多的校长、老师和家长。

爸爸军团：
留给孩子受用一生的财富

《爸爸军团》的封面人物中，坐在中间的爸爸是该书的作者布鲁斯·费勒，他曾跋涉一万多千米游历《圣经》记载的遗迹，并创作出畅销书。他有一对双胞胎女儿。

他 43 岁时被诊断出患有骨肉瘤。美国每年大约有 600 人患上这种病，85% 在 25 岁以下，成年人的数量甚至不到 100 人。这意味着，对成年患者的治疗困难很大。我有一次参加书友活动的时候，有一位书友也得了癌症，他非常坦然地跟大家交流他得癌症以后的感受。他请我一定把《爸爸军团》讲出来，癌症患者非常无助，他们特别需要得到大家的理解和鼓励。

作者感受到自己无法见证女儿们的一生，有可能会提前离开女儿，他非常悲痛。他找来了生命中不同时期的六个朋友，每一个朋友身上都有着一些独特的、令他非常钦佩的素质。他邀请他们讲述自己的经历，这样可以教育他的女儿们，让她们不会感受到父爱的缺失，他们组成了“爸爸军团”。

成立"爸爸军团"

要了解整个故事，我们就先从他的第一封信开始。

亲爱的各位：

我想你们大概都已经知道了，我的左侧股骨里长了一个约18厘米大的肿瘤。那天下午，我在曼哈顿约克大街上徘徊的时候，接到了癌症的确诊通知。我就近找了个路边的台阶坐下，开始打电话给琳达，告诉她这个坏消息，接下来通知我的父母。不知不觉间，我发现自己已经泪流满面。我勉强起身，去买了一副拐杖，跌跌撞撞地走回家。一头倒在床上，愣愣地盯着天花板发呆，想着自己的人生从此天翻地覆。就这样，足足几个小时动也没动。

然后，伊甸和泰碧跑了进来。两个人咯咯笑着跑去照镜子，表演几个月前她们刚满3岁时自己编排的舞蹈，那风格算得上是做游戏、跳芭蕾和健身操的综合产物。她们笑着、闹着，疯狂地转着圈儿，越转越快，越转越快，最后跌倒在地，嘻嘻哈哈地滚作一团，像是全世界最快乐的一对宝贝儿。看着她们，我再也没办法控制自己，整个人发起抖来。我没法想象自己竟然可能缺席她们的人生。我要陪她们一起散步；要去欣赏她们的芭蕾舞表演，并大声叫好；要帮她们完成手工作业，哪怕搞得一团糟；要对她们的小男朋友们挑三拣四，摆摆老爸的威严；还有……要像每个送女儿出嫁的父亲一样，挽着她们的手走过幸福的红毯。这一切触手可及的幸福，现在竟然都化作了泡影。

接下来的几天很混乱，眼泪、深夜长谈、医生会诊和保险谈判，混杂着决心、希望和恐惧，所有的东西都交织在一起。很快，我看清了摆在自己面前的三个选择：1. 丢掉一整年（接受治疗）；2. 丢掉一条腿；3. 丢掉性命。

说实话，在整个过程中，我始终觉得自己能够应付。不管未来会发生什么，我迄今为止的生活都是充实和圆满的。我曾经周游世界，还写了 10 本书。可以说，我并没有虚度人生，我很平静。

还有琳达，我觉得她也会没问题的。当然，她不得不一个人承受许多痛苦和麻烦，但总有一天，我相信她会重新找到充满快乐和激情的幸福生活。

可是，伊甸和泰碧怎么办呢？每每我忍不住想象，失去了父亲，她们的生活会变得多么糟糕。她们会不会对我的人生感到好奇？她们会不会揣测我的想法？她们会不会苦苦期待，渴望得到我的认同、我的指导、我的爱？她们会不会想要听到我的心声？

几天后的一个清晨，我突然惊醒，脑袋里冒出了一个主意，这也许能为女儿们重现我的心声。我写下了六个男人的名字，他们来自我人生的不同阶段，从童年时代一直延续到今天。他们是最了解我的男人，和我分享同样的价值观，指引我、帮助我找到真正的自己。他们和我一起读万卷书，一起行万里路，共同经历了这人生的苦与乐。

他们懂得最真实的、最完整的我，他们明白我的心声。

于是，那天早上，我开始试着写下这封信。

我相信女儿们的一生中会得到许多人的支持和鼓励。我相信她们会得到家人的体贴照顾，会有温暖、幸福的归宿，会彼此相亲相爱。但她们的生活中可能永远没有我的存在，她们可能永远无法享受到父亲的陪伴。

你们愿意替我做她们的爸爸吗?

你是否愿意聆听她们的细细倾诉?你是否愿意解答她们无穷的疑问?你会不会定期领她们出门去餐厅大吃一顿?你会不会参加她们的足球赛?你会不会耐着性子看她们来来回回跳芭蕾?等她们大一点儿了，你可不可以偶尔小奢侈地宠爱她们一次，就送一双新鞋、买一部新手机，或者来点儿什么我现在根本想不到的新鲜玩意儿，怎么样?你会给她们提供人生建议吗?你会像我一样严格地要求她们吗?你会在她们有麻烦的时候，为她们排忧解难吗?然后，等她们慢慢懂事了，你是否愿意偶尔邀请她们去参加你的家庭聚会?你是否愿意把她们介绍给能让她们梦想成真的人?你是否愿意告诉她们身为人父的想法和考虑?你是否愿意告诉她们，能够成为她们的父亲是多么骄傲和自豪的一件事?

你们是否愿意，替我倾诉我的心声?

就在那天早上，我躺在床上想着这封信，一面希望自己没有吵醒琳达，一面忍不住颤抖、哽咽。我打定主意，要成立这个“爸爸军团”。

“爸爸军团”里包括六个男人，他们每个人都很忙，也要面对各种各样的生活挑战。不过，如果他们齐心协力，也许就能代替我承担起父亲的责任。

当然，我希望自己能早日康复，和家人幸福、快乐地生活在一起。但我也希望，不管自己的病情最后如何，这个“爸爸军团”都能长久地持续下去。你们每个人都像一扇灵魂的窗户，我希望女儿们能够通过你们去认识这个世界，也希望她们可以通过你们来认识我。

我更希望，女儿们能够通过这个为她们而成立的“爸爸军团”认识真正的自己。

我知道，这样的请求对你们来说可能是一种压力和负担。我并不是自私地想要你们为此投入自己的全部时间、精力和感情。只是时不时地给她们几句贴心的话语、几个手势、一扇敞开的门、一个温暖的拥抱，这就足够了。她们会明白，你们永远会陪在她们身边，你们永远都会是她们的指引和依靠。

而你们每个人的话语，都倾诉着我的心声，都是我的肺腑之言。

尽管写下这些让我感到很痛苦，不过说实话，在这个特殊的时期，这个异想天开的念头确实给我和琳达带来了几分安慰和鼓励。这些年来，我从你们身上学到了很多宝贵的人生经验，一想到女儿们也有这样的机会，就觉得很宽慰。更别提在接下来的日子里，我们会因为这个主意而越来越亲近，那有多好啊。能够邀请你们成为“爸爸军团”的一员，我们真心感到非常荣幸。

最重要的是：如果有一天，我悄然离去，这个“爸爸军团”将会代替我，成为她们的父亲。

爱你们的，

布鲁斯

还有一个细节需要交代，就是布鲁斯为什么会突然得这么奇怪的病。这可能跟他小时候遭遇的车祸有关系。本书有一半是他和这些“爸爸军团”的成员交流，另外一半是他治病的过程。这个过程充满了痛苦，整个人翻江倒海、“昏天黑地”。

他和妻子设定了选爸爸的一些基本原则：

第一，不需要有家庭成员，因为生来有血缘关系，总会有机会见面交流。

第二，仅限于男人。

第三，感情的深浅，不是靠时间来衡量的。

第四，要从人生的每个阶段中选出一位朋友。

第五，要全方位地担当起爸爸的责任。

独特的六位“爸爸”

他们选择的第一个人叫作“行者爸爸”，名叫杰夫。

杰夫做学生旅行社的生意，他从上大学开始，就被父亲要求去当旅行的领队。1983 年，布鲁斯交旅行申请的时候，杰夫正准备第三次领队。

布鲁斯对那个夏天印象深刻，尤其是在荷兰掀翻奶牛。杰夫一辈子就是一个行者，他永远都能够跳入泥浆，绝对不会做生活的旁观者，他对生活充满了热情、探究感和参与感。

杰夫永远能够带给他的，是对生活的探索精神和热忱。他懂得与人建立联系的重要性，他知道人和人之间需要不断地去体验、去感受，才能够获得更深的交往。所以，作者希望“行者爸爸”杰夫能够教会他的孩子们怎样开放地行走在世界的角落，帮助他的女儿们开始人生之旅。

布鲁斯念完信，杰夫说：“好。”他这样回应了布鲁斯的请求。

杰夫一向不善言辞，比较擅长以身作则。

布鲁斯问杰夫说：“假设10年以后，我们的女儿即将开始第一次海外旅行，你会和女儿们说什么？”

杰夫深吸了一口气，说：

我想我会这么说：“姑娘们，你们来自一个开放式的家庭。你们家的传统观念是支持和鼓励你们努力学习，你们也会有很多机会去见识人类文明的智慧结晶。但是，我希望你们把这次旅行当成小孩儿第一次进泥水坑的过程。你们可以俯下身去，看水中的倒影，也可以伸出手指搅动一下，弄出点儿波纹。甚至可以跳进去，溅它个稀里哗啦，感受一回，品味一下……”

杰夫爸爸带给姑娘们的是探索精神，是对于这个社会的参与感。

第二个人叫“做自己爸爸”，是布鲁斯耶鲁大学的舍友马克斯。

大一学年结束后，他们当了两个月的背包客。旅行的时候，因为马克斯坚持穿着跨栏背心和人字拖鞋，两个人被人从豪华饭店轰了出来。

马克斯坚持穿人字拖，是自己的权利。马克斯曾经遇到过特别重大的灾难，就是他的爸爸自杀了——他的爸爸在他3岁时开枪自杀了。布鲁斯的女儿们有可能也面临着在没有爸爸的家庭中成长起来。

布鲁斯希望马克斯做女儿们的爸爸，教会她们怎样生活，并教会她们如何做真实的自己。

布鲁斯问：“那比方说，10 年后，泰碧和伊甸过来问你，‘你是我们的爸爸最亲密的朋友，咱们有一样的丧父经历。你说，我们俩该怎么办呢’？”

马克斯思考了一会儿，说：“我会从你对她们的爱开始。我亲眼所见女儿的诞生让你多么欢喜，你是个多么好的爸爸。我总觉得，为人父母所能做的最重要的一件事，就是让孩子在爱的沐浴中成长。我会让你的孩子感受到爱的。”

布鲁斯又问：“那她们该如何应对失去父亲的痛苦呢？应该面对它，还是淡化它，让它过去？”

“恐怕你没法淡化它，”马克斯说，“那已经成了你的一部分。所以，你不得不直接面对它，并且会经常如此。犹太人的传统是每年都要纪念逝者，这很有效。我每年都哭一次，我祈祷着，念着悼文，说着说着，那种情绪又回来了，那个伤口还在那儿。”

马克斯自己的伤痛至今未抚平，他依然会难过。他说：“但同时我也会做些别的事。我会给她们讲故事。当你失去某个人的时候，这种丧失本身就成了最深刻的记忆。你需要建立可以与之竞争的回忆，‘我们一起来过这里，做过这件事；他带你去过那儿，做过那件事’。这么做，可以帮助孩子们找到自己的声音，这样就把负面的悲伤转化成了正面的能量。”

他的意思是，我们需要更看重的是能在一起的时候所建立的那些回忆。

有一部日本的电视剧叫《血疑》，三浦友和和山口百惠主演的。有一个情景我印象特别深刻，当山口百惠饰演的角色知道自己有病要死了的时候，她对爸妈发脾气说：“你们就当白养了我这个女儿吧。之前的事情没有任何意义，它都没有发生过，就假装我没有来过。”她希望能够减轻父母的痛苦。这时候，大岛茂（山口百惠剧中的爸爸）非常生气，他很爱他的女儿，他说：“你胡说些什么？难道之前的生活都没有意义吗？我们大家在一起，那么开心地郊游，看着你第一次走路，教会你学说第一句话，这些怎么会没有意义？这些都是我们最珍贵的记忆。”

我看这个电视剧的时候，大概是10岁，这个场景一直印在我的脑海里。我觉得意义不是来自一定要活多长时间，意义是来自你跟你的亲人创造了特别多的回忆。

布鲁斯在后来就刻意跟他的女儿创造回忆。有一天，他说：“来一个读书会怎么样？”女儿们抱着一堆书回来了，孩子们咯咯地笑着，他读着读着说：“你们要是能坚持读书，就会永远开心、快活。”

他觉得这就是女儿们永远忘不了的一句话。他希望这个场景能够留在女儿们的脑海里。

我在带孩子的时候，也会经常希望孩子能够把这一刻永远记住。只有记住了这一刻，你才真的拥有了你人生中的这一部分。

马克斯特别有智慧，本人也很成功，做过总统的幕僚。他妻子是美国第一位亚裔法官，他非常自由地让自己的儿子跟随妈妈姓潘。他教会女儿们的是，要学会做自己，要有自己的想法，走到哪儿都不要忘记自己的那双人字拖。

第三个人叫作“梦想爸爸”，是布鲁斯的经纪人大卫。

作者到了写作瓶颈期的时候遇到了大卫。所有的经纪人都是贩卖梦想的人，主要任务就是帮助他人相信自己伟大的梦想，并且能够把这个梦想付诸实施。

布鲁斯希望大卫能够把他看不到眼前那堵墙的能力，传递给他的女儿们。

他找到大卫，他们俩既是合作关系，同时住得很近。

布鲁斯在跟大卫聊天的时候，问大卫："身为梦想的代理人……你会给追梦的人哪些最重要的礼物？"

大卫说："信念。相信他们有能力取得成功，你相信他们，就给了他们相信自己的力量。"

布鲁斯说："可我第一次进你办公室的时候，我根本没有信心，我已经写了 10 年，毫无起色，我撞上了南墙。"

大卫说："我可没看见那堵墙，而且我希望你也看不见，'忽略那面墙'……"

"假如 20 年后，泰碧或者伊甸坐在你的安乐椅上说她有一个梦想，想开个餐馆、去登山、跑马拉松，或者想写本书。可她没有勇气，说：我不行，那太难了，我没有钱。你会怎么跟她说呢？"

"我会说，'让我们坐下来，分析一下可能性'。"大卫回答说，"咱们画一张登山的路线图，或者做一个开餐馆的创业计划，或是列一下那本书的提纲，让我们做点儿了不起的实在事。"

这就是成熟和幼稚的区别：幼稚的人会在梦想前担心、怀疑做不到怎么办，他们只会有想法、情绪，但不会行动；而成熟的人如果真的想做的话，就要从小事做起，来分析，制订计划，画路线图，一点一点地行动。

第四位爸爸叫作"老朋友爸爸"，名字叫本。

本和布鲁斯之间最重要的故事发生在家乡的小河沟里，他们小时候去抓蝌蚪，观察蝌蚪长出腿来，变成青蛙。

本上中学的时候，做了很无稽的事，所有的小朋友都嘲笑他，都不再理他，只有布鲁斯依然正常地对待他，从来没有提过这件事。本说，这就叫作“忠诚”。

他俩是互相非常忠诚的朋友，布鲁斯希望本能够教会孩子们如何刻下自己的回忆，怎样在人生中留下特别多童年的印记，等等。

布鲁斯问他说：“那么，试着想象 20 年以后，我的女儿们去看你。她们说：‘你是认识我爸爸最久的人’，你会把她们带到哪儿去呢？”

本说：“这很难回答，我想我会带她们到你家后面那条脏兮兮的小河去，就是我们抓蝌蚪的地方。那条河就是我们的故乡，那地方脏、乱、差，我们本来不该去的，但是就在那里，我们学会了做自己。所以，那就是家。”

布鲁斯突然意识到，本说中了埋藏在布鲁斯内心深处最真实的东西，这个他几乎不了解的朋友，这个他很少见面的朋友，这个总是排在他紧急联系人名单首位的朋友，突然让他明白自己做这个名单的目的，其实只是要提醒自己，本在他生命中有多么重要。

布鲁斯把自己的童年借由本带给他的女儿。

第五位爸爸是“好奇爸爸”，这个人也叫本。

本是最早确定的“爸爸军团”成员，但比较晚的时候才通知他，因为本太喜欢质疑了。

本为 NBC（美国全国广播公司）的新闻部工作过，新闻记者往往以质疑为生。布鲁斯认为本能够教会孩子：可以自己思考问题，而不是人云亦云。

本听完布鲁斯的请求，哽咽着说：“但你不会有事的。我完全否决这个假设。因此，我正式提出辞呈。”

布鲁斯说：“可是，琳达希望你能够加入‘爸爸军团’。”

琳达问本如果新闻里说了什么，本会和女儿们怎么说。

本说：“我会和她们分享赖内·马利亚·里尔克的名言——对于你心里一切的疑难要多多忍耐，要去爱这些问题本身，像是爱一间锁闭了的房屋，或是一本用别种文字写成的书。现在，你不要去追求那些你还不能得到的答案，因为你还不能在生活里体验到它们。一切都要亲自生活。现在，你就在这些问题里生活吧。”

本还提到了一句非洲谚语：“懂得提问的人永远不会迷路。”他教会女儿们的是只要会提问，总能找到自己的路。在提问的过程中，人会对自己充满自信。要在问题中生活，要将自己投入找寻不同观点和角度的人生中去，就像布鲁斯，为了找到答案，走遍了世界的每一个角落。

本说，在“爸爸军团”中，他就要坚持做那个反叛的家伙，那个不和谐的音符。不是走调的那种，而是一个提示音。人们可能觉得它不应该存在，但它的存在恰恰衬出了整个乐章的完美。

世界上的人分三类：第一种人叫作“犯人”，他永远觉得自己被关着，别人阻碍了他；第二种人叫“过客”，浑浑噩噩，每天过去就好了，也没有什么特别的发现；第三种人叫“发现者”。每一个人都可以自己选择自己的角色，你究竟是做犯人、过客，还是发现者?

我们永远都可以选择做一个发现者。在你读一本陌生的书的时候，在你听一个显得很无聊的讲座的时候，或者在老板跟你讲话，你觉得昏昏欲睡的时候，你都可以转换自己的心态，成为一个发现者。

本用提问的方式，教会女儿们在生活中永远做一个发现者。

最后一个爸爸是“创造力爸爸”，叫约书亚。

他曾是《时代周刊》的编辑，女儿们特别喜欢他。布鲁斯问约书亚，为什么生病成了加深友谊的契机？

约书亚说：“一开始，我是想，你病了之后，身边的人可能不够用。所以，我打算多帮你一点儿。谁知道在这个过程中，面对不仅缺乏美感而且‘丑相横生’的日子，你的应对让我吃惊。你是那么优雅又幽默。坦白讲，我想我根本做不到。我本来想说陪伴你是无私的奉献，而事实上，是你在教育我重新认识人的潜能。”

布鲁斯问：“如果女儿们找到你，问你这一年里的情况。你会怎么说呢？”

约书亚说：

“我会告诉她们我看到这样一个人：他遇到了世界上最坏的状况，但他依然坦然面对，不留半点儿遗憾。想想有几个人能做到这样？我曾经见过，人们在面对致命疾病时的痛苦挣扎，我知道那是什么样子，但你和他们不一样。我想原因就是，你知道自己是谁。你的心清楚你的前进方向。”

布鲁斯问，要怎么让女儿也学会这样做？

他说：“我相信美感是最好的老师。我会让她们背诵奥登的诗歌，还有莎士比亚的十四行诗。这样一来，无论何时何地，只要有时间，她们就可以靠在树下，邀请奥登或莎士比亚与她们相伴。我会让她们去听马勒的交响乐，这样她们以后可以来回听，每次都会激发相似的情感。我会让她们学会欣赏中国书法，那是表达内心力量的一种方式。如果你对自己心存疑惑，就会在运笔中表现出来。

“我想让泰碧和伊甸知道的是，发现美并不困难，她们可以永远保有在飞机上看见彩虹时的那种感动。奇迹处处可见。她们只需要学会看到乌云的背面，自己走出去收获奇迹。当然，我也希望她们能明白，你即使病倒在床的时候，也依然保有这种态度。而我们都希望她们能以这样的方式去看世界。”

有这么一个爸爸多好，约书亚教会女儿们的是欣赏美，发现包括中国书法在内的能够给心灵带来美感的艺术。

为了真正地活过

布鲁斯在书中写了希利大夫。希利大夫是一个充满激情的人。对待每一位病患，他不会像别的大夫那样，吓唬病人，而是把战胜疾病视作一场战斗。

他对布鲁斯说：“我和你一样恨癌症，这是一场战斗，我们决心要取得胜利。这事儿会改变你的一生，但通常它会让你变得更好。

“巴顿将军曾经说过一句话：‘战争会逼出人们身上最好的一面。’……即便是以失败告终，我也依然能够看到其中蕴含的非凡含义。事实上，我认识的人里面最了不起的就是熬过了这场疾病的人。他们清楚自己的生活，知道自己想做的，这是令人震撼的体验。我很荣幸，能够成为他们的医生。”

很多人活了一辈子，其实都不知道自己真正想要的是什么。但是，有时候得了一次重病，大部分的人就明白了。当一个人能够把一场重病视作一次洗礼、一次考验，或者一次学习的机会时，人生升华得可能会更快。

布鲁斯问希利大夫：“如果不得这个病，”他指着自己的腿说，“要怎样才能获得这些改变呢？”

希利大夫说：“我想，那就是我正在努力的了，我也在不断地发生改变。我们做治疗的人都相信，只要行善就不会得病，对我来说这是真的，我也觉得这是放之四海而皆准的真理。当然，从科学的角度看，这是无稽之谈，但我宁愿选择相信它。”

布鲁斯问：“假设15年后，我的女儿们来看你，问‘我的爸爸是怎么死的’，你会如何回答？”

希利大夫说：“我会说，答案并不简单。一方面，人人都会死。很多人甚至从来没有真正地活过，但你们的爸爸确实活过，只是他活的时间没能像我们希望的那么长。他活得很好，为我们树立了很好的榜样。虽然他不在了是件让人悲伤的事情，但你们要知道，你们的爸爸很爱你们，他为了和你们在一起，与癌症进行了艰难的斗争。”

他又想了一会儿说：“做什么事都要开心。帮助身边的人。在这个世界上留下足迹。”

希利大夫在一年前，曾经看着布鲁斯的眼睛说：“给我你的手，我告诉你怎么做。我们一起并肩战斗。”那个瞬间，布鲁斯的腿几乎无力支撑身体，眼里充满了恐惧，但希利大夫给了布鲁斯勇气，他会跟着希利大夫走向任何一个地方。

“我会对你的女儿们说：‘准备好。’找到你最佳的支持盟友，不管是身体上的还是精神上的。把注意力集中在目标上。不要回头，因为那只会削弱你的力量，干扰你的焦点，只会在你心中播下怀疑和摇摆不定的种子。无论对你还是身边的人，那都是致命的打击。”

实际上，希利大夫在这过程中也扮演了一个爸爸的角色。因此，这个“爸爸军团”，加上布鲁斯，一共是八个人。

留给女儿的财富

作者想留给女儿们的 10 个财富，如下：

1. 做个行者，不要当观光客；

2. 永远做自己；

3. 忽略阻挡的墙，放飞梦想；

4. 给老朋友留个位置；

5. 探索一切的未知；

6. 用发现美的眼睛，在阴天去寻找彩虹；

7. 说出你的心声；

8. 放手去做，不要犹豫；

9. 和乌龟一起散步；

10. 拥抱怪兽。

死亡是每个人人生必然会面临的最终归宿，我们永远都不知道明天和意外哪一个会先来。在这个过程中，我们要学会拥抱怪兽，学会拥抱不确定感，学会和无常和平地相处。

虽然这本书没有给操作性的意见和建议，但我觉得这本书可以启发我们认真地思考一下，作者所选出的 10 条启示，是不是也是我们的人生要思考的？我们在人生路上，要么有匆匆过客的心态，要么有“犯人”不自由的心态——

这种心态不断地折磨我们，抱怨周围的人、事、物，虚度人生。这是一个选择。

在面临生离死别的那一刻，每一个爸爸都能够给孩子打开生活中的一扇窗。布鲁斯没有选任何一个爸爸教女儿怎样去赚钱，或者教女儿职业的方向，给她们做指引。

我的理解是，金钱与务实的职业选择，每一个孩子会有不同的缘分，每个孩子会碰到完全不一样的现实或境遇，走向人生不同的路线。这都能够接受，但是真正需要让一个孩子传承下去的东西是价值观。

这本书让我们看到在一个家庭中，什么事是我们需要不断传承和发扬下去的。

正面管教：
创造自由又有规矩的家庭风格

2016 年，我曾在一个教育论坛上遇到简 · 尼尔森的女儿玛莉。她作为发言嘉宾说："如果你在管教孩子的过程中感觉痛苦，那么你的方法一定是错的。"根据我的教养经验以及我所掌握的原理，我也认同这个说法。

有人说你这样讲也太夸张了，管孩子哪有不生气的。生气和痛苦是两回事。有很多父母会觉得孩子已经成了特别大的一块心病，觉得太气了、太没招了。比如，孩子不守时，喜欢吃零食，写作业的时候注意力不集中，跟父母对着干，打游戏上瘾……每一件事都让父母觉得没法解决、无比痛苦，那么只能说明父母的方法一定错了。

我们今天来学习简 · 尼尔森非常经典的著作《正面管教》。《正面管教》的英文书名直译为"积极的纪律"，要让纪律性的环境带来积极的作用。整本书贯穿一种态度——和善而坚定，或者叫"温柔而坚定"，或者是"温柔但有边界"。指父母让孩子清楚地知道父母是爱他的，并且孩子跟着父母能够学会生存的技能，以及与他人互动的方法。

简·尼尔森是七个孩子的母亲，22个孩子的祖母或者是外祖母，还是两个孩子的曾祖母，她有着非常丰富的育儿经验。

《正面管教》以阿尔弗雷德·阿德勒和鲁道夫·德雷克斯的思想为基础，书中提出了七项重要的感知力和技能。

1. 对个人能力的感知力：孩子觉得这事我能行。

2. 自己在重要关系中的价值的感知力：我的贡献是有价值的，大家需要我。

3. 对自己在生活中的力量或影响的感知力：我能够影响发生在自己身上的事情。

4. 内省的能力强：有能力理解人的情绪，并且能够利用这种理解做到自律以及自我控制。

5. 人际沟通的能力强：善于与他人合作，并在沟通、协作、协商、分享、共情和倾听的基础上建立友谊。

6. 整体把握能力强：以有责任感、适应力、灵活性和正直的态度来对待日常生活中的各种限制和行为后果。

7. 判断能力强：运用智慧，根据适宜的价值观来评估局面。

这七个方面将会为一个孩子的一生打下牢固的基础。

严厉与骄纵之路走不通

父母跟孩子互动大致分三条路。

第一条路叫作“严厉”。有一次，我在公开场合看到一位妈妈训斥自己的孩子，态度非常严厉。我并不觉得这位妈妈没有修养，她是为了让孩子安静，不要去打扰别人才发脾气，但是她的态度真的让我觉得冷若冰霜。她非常严肃地把孩子叫到面前，说：“我跟你怎么说的？有记性没记性，出去！”

我丝毫不怀疑妈妈爱孩子，但是妈妈训这个孩子时的态度就是严厉。小男孩听后根本就没有改，他嘻嘻一笑，又到别的地方去闹了。

被严厉的方式控制的孩子，其后会有很多种反叛的方法。有四种表现，叫四个 R，是英文字母 R 开头的四个词。

愤恨（Resentment）：孩子心中有恨，现在他小没办法，长大了就可以表现出来了。

报复（Revenge）：一有机会，就想闹得更厉害。

反叛（Rebellion）：他会把错误的事情做得更多。

退缩（Retreat）：要么悄悄做父母不允许做的事情，要么自卑地认为自己是个坏孩子。

扪心自问，如果因为自己的某种行为而被揍过那么多次，你这一行为到底改了没有？你是不是变得更加狡猾了？只想每次不被父母发现而已。

严厉的方法带来的这四个问题是明显能看到的，深层问题则是责任感缺失、自律性差。一个人的自律性是来自他的自尊水平的，这种严厉的教育方式，大幅降低了孩子的自尊水平。很多父母为了避免孩子打游戏，就把手机锁在抽屉里。

还有人会拿手机来做奖励，孩子做了一件事，就被奖励玩手机 15 分钟。孩子的自尊水平在不断地下降，孩子会觉得自己是没有任何主宰能力的人，要么取悦父母，要么跟父母闹，到最后才能得到许可。

我见过很多父母足够幸运，一路使用连打带骂、监督、惩罚、诱惑等手段，把这孩子哄得上了大学。上了大学以后，孩子在大学里才可以放开了打游戏，做出更加糟糕的事情。所以，严厉是肯定行不通的。

第二条路叫作“骄纵”。骄纵就是父母说：“随孩子的天性吧，一切都没关系。”我见过很多父母以天性教育为借口，当自己的孩子把别人揍了时，就说不要管孩子们的事，但是别的孩子把他的孩子揍了，那就不行。我在博物馆里，看到有的孩子吵翻天，拿脚去踢博物馆的文物，父母还说要天性教育，不去管他。

骄纵的方式会使得孩子没有自信，看起来这个孩子非常开心，觉得自己什么都行。实际上，他内心没有自信，因为他不知道自己的行为的边界在哪儿。

他只是觉得好像这一切父母都能够包容，到最后，这个孩子反倒会有成瘾性人格，因为父母给他的指导不够多。

我在这本书中读到了一句非常棒的话，是德雷克的解释：“孩子们的觉察能力很强，但解释能力却很差。”

书中举了一个例子：阿黛尔 2 岁的时候，家里出生了一个小宝宝。妈妈给了小宝宝很多关注。

阿黛尔解读为妈妈爱小宝宝胜过爱自己，所以，她想夺回妈妈的爱。于是，她的办法就是自己表现得像个小宝宝，好让妈妈也照顾自己。她爱哭，需要奶瓶，用小宝宝的方式争夺爱……所以，如果父母不能够跟孩子把这件事说清楚，孩子对父母的解读就是错误的。

我常常把父母比喻成孩子的导游，而非主人。也就是说，孩子来到这个世界上，他对这个世界是陌生的，他根本不知道一切是为什么。父母要跟他解释这样做的好处是什么，并告知边界在哪里。

学习和善而坚定的态度

第三条路叫作“正面管教”。

正面管教把和善与坚定融合为一体，并以此为基石。简 · 尼尔森认为判断一个教育方法是否有效，有四个标准。

1. 是否做到了和善而坚定?

2. 是否有助于孩子感受到归属感和价值感?

一个婴儿哭了起来，有人支着儿说不要抱，越抱他哭得越厉害。这是完全外行的说法，孩子哭闹的时候是在寻求归属感，他在寻求有人爱。如果父母根本不管他，他会特别焦虑。这种焦虑有可能在他结了婚以后释放，导致婚姻生活中出现大量争吵。

3. 是否长期有效?

父母对孩子冷冷地说话，或者非常凶地大喊大叫，有时候让整间屋子的人都害怕。

父母觉得只有这么严厉才会有效，这个有效就是短短 5 分钟之内。父母要考虑长期有效，就是这个行为能否再过 10 年或者 15 年，他长大了还有作用。

4. 能否教孩子有价值的社会和生活技能，培养孩子良好的品格?

符合四个特征才是一个有效的教养方式。

如何做到和善而坚定?

孩子跟父母顶嘴，孩子发飙了，有的父母会很生气，把孩子拉到一边，狠狠地批评一番，这叫作“严厉”。有的父母说“随他去吧”，就变成了放纵。

和善而坚定的表现是，父母转身先离开。这表示父母此时不能够要求孩子要尊重自己，但是最起码可以自己尊重自己。当感受不到孩子对自己的尊重了，就冷静一下。

这个过程是让父母冷静。一个人在情绪激动之时，处理问题没法做到和善而坚定。

父母调整完心态以后过来说：“宝贝，我很抱歉，你刚才生这么大的气。我尊重你的感受，但是我不能接受你刚才的做法。今后，每当你不尊重我的时候，我都会暂时走开一下。”这是告知孩子，我不能够接受你的这种做法，虽然我爱你。

接下来要说：“我爱你，我愿意和你在一起，因此当你觉得你能够做到尊重我的时候，你就来告诉我，我会很乐意和你一起找出处理你怒气的其他方法。我们可以把精力集中在找出对你我都尊重的解决办法上。”

当你能够表现出平和的态度，用建设性的方法跟孩子来解决问题时，孩子很快也会学会这样的方式。

在制定规矩的过程中，一定要邀请孩子加入进来，我家就是如此。嘟嘟喜欢玩一个电子游戏，玩了两三年，有一天他删掉了。我问他为什么，他说已经玩了这么多年，想换一个新游戏。我问他原来的游戏里还有什么积分。他说没关系。

这让我很欣慰。有人会因为丢了一个游戏里的道具特别抓狂。我还听过一个人的所有装备丢了以后竟然自杀的极端案例。嘟嘟能够平静地删掉游戏，内心也不会过于难过，因为他心中有确定的爱。他知道父母深深地爱着他，所以不会对外在的某个游戏或者装备那么在意。

我和嘟嘟讨论如何玩一个新的游戏时，我建议他一天玩半个小时，他说那不行，然后跟我商量，提各种各样解决问题的办法。

后来，他真的能遵守他的提议，因为孩子有自尊心。他的自尊水平高，他就会有自律能力。当你邀请孩子一起制定规矩，再加上你有一个平稳的态度，你就温柔而坚定。

独立、完整的自尊体系

正面管教中，自尊是一个基本概念。

父母肯定孩子的时候，是培养孩子自尊非常重要的时机。很多父母肯定孩子时说："宝贝做得很好，爸爸很高兴。你看这几件事都做对了，你还不错……"这种话都不是帮孩子提高自尊水平的话，而是让孩子觉得他依附于大人。

真正的自尊是让孩子能够意识到自己的价值感，父母可以说："你今天能帮我做这件事，我的内心非常感激。因为你所做的事就叫作'关心'，我能够感受到你对爸爸的爱。"这才是能够调动孩子对自己所做的行为那种价值感的感受。

我们还要注意赢得孩子和赢了孩子的不同，很多父母做事是为了赢了孩子。比如，很多父母在孩子做作业的时候，坐在后边看，就是为了让孩子能够按照自己的要求和节奏做作业。

当父母总是期望在各个角度赢了孩子，甚至到孩子长大以后要嫁给谁、要做什么工作、要不要出国也是家长说了算。父母在跟孩子做斗争的时候，父母赢，孩子就一定会输。父母习惯于做一个赢家，孩子就习惯做一个输家。

赢得孩子是要让孩子知道父母跟他之间是爱的关系，有任何事都可以问自己的父母，都可以尊重自己父母的意见，这才叫“赢得”。

赢得孩子最有效的方法是以同理心去倾听。当孩子表现出了错误的习惯时，父母如果能够说出下面这样的话，我觉得孩子会觉得特别暖心。

有一次，嘟嘟在家里玩球，不小心打碎了一个他妈妈很喜欢的茶杯。嘟嘟当时都快哭了，觉得闯了祸。我们的表现就是告诉他：“这件事儿还真是挺难过，因为我们真的很喜欢这杯子，真是可惜。”先让他知道自己做的这件事，有一个错误的后果。再告诉他：“没关系，没有伤到人是最重要的。我帮你收拾玻璃碴儿，要小心。”

我还告诉他：“爸爸小时候也打碎过东西，打碎了东西以后，就觉得特别害怕。但是，我们从这件事情学会了什么？”

嘟嘟说：“学会小心一点儿。”

我问：“有哪些方法能够小心？”

他说：“我可以去没有杯子的地方玩。”

我说：“好的，这里是客厅，这是陈列着很多东西的地方。”

嘟嘟说：“我以后不在屋子里玩球了。”

从那以后，他很少再打碎东西。我们要把孩子每一次犯错都变成一个学习的机会，而不是把每一次犯错都变成一个谴责的机会。

有的家里，孩子一犯错，老爸老妈就出来说：“当初跟你怎么说的？跟你说过多少次，你就是不长记性……”

这样做就是跟孩子划清界限。很多父母急于批评孩子，核心的原因是不想跟孩子共同承担这个结果。父母觉得自己没错，自己教也教过了，说也说过了。

但事实上，父母应该和孩子共同来承担这个错误的结果。因为孩子是你的孩子，孩子是你培养的，你是他的监护人。

急于划清界限，是心理不成熟的表现。比如，童年的时候，一个人整天被父母谴责。杯子碎了，第一个念头是有人要被骂了，那么，最好不是我。所以，父母有时候是没长大的孩子，是因为打碎一个杯子而害怕的小孩儿。他们把恐惧的心情变成了愤怒，把责任推卸给别人，让孩子背锅，让孩子觉得特别有负罪感。但是，孩子并没有从这件事中学会些什么，他唯一学会的就是别惹父母，惹了就会挨骂。

嘟嘟两三岁的时候，我教会他一个词，叫"吃一堑，长一智"。我告诉他，这个词的意思就是做了一件错事后，一定会学会一样技能。有时候，他在家里做错了事，就会总结说"吃一堑，长一智"。

我觉得在家里，就算是孩子犯了错，也是非常美好的互动。有一次，嘟嘟考试回来，数学考了 73 分，他很兴奋，他没见过自己的成绩那么低。我问他，怎么会突然成绩低这么多呢？他说背后印了题，没看见。

我说："你学会什么了？"他说这次学会以后要把整个卷子先看一遍，他学会了吃一堑，长一智。

我们要"赢得"孩子，而不是整天要"赢了"孩子。

我们要在教育中学会道歉，父母也要学会道歉。

书中有 3R 原则：

1. 承认（Recognize）。父母承认自己犯了错。

2. 和好（Reconcile）。父母说："我向你道歉。"

3. 解决（Resolve）。父母和孩子一起找办法弥补错误。

简·尼尔森的女儿玛莉，有一天跟妈妈吵架了。吵架之后，妈妈非常生气，说："你就是一个被宠坏了的调皮鬼。"

女儿知道妈妈的理论，说："你可不要待会儿来找我道歉。"

简·尼尔森说："我肯定不会。"

我们学了很多理论，即便是理论的创始人，犯错也难免。

玛莉摔门回到屋子里去了，简·尼尔森过了一会儿便冷静下来，她毕竟是有修养的人，她完全理解理论。冷静了以后，她去给女儿道歉。门一推开，她发现玛莉坐在屋子里拿着一本《正面管教》，在上面写"骗子"。

因为女儿是正面管教的方法带大的孩子，所以她的修复能力比较强，情商比较高。三五分钟后，女儿消了气，就过来拥抱她的妈妈了。

任何一个家长，即使你的方法是对的、你是爱自己的孩子的，也难免会犯错。你要用你的道歉，帮助孩子学会道歉。当孩子也学会了道歉后，在家庭互动中就会出现修复的机会。

阿德勒有一个"14 天治愈计划"的方案。

有一个人得了抑郁症，跑来找阿德勒。阿德勒说："14 天，我就能帮你治好你的抑郁症。"

阿德勒让她每天为别人做一件事，就是咱们中国人讲的"日行一善"。如果做了14天，抑郁症就好了。

这个人反对的理由是：“凭啥我为别人做，而不是别人为我做？”

阿德勒打趣说：“那14天不够，你得21天。”

事实上，你真的为别人做一些事（比如，你开车拐弯的时候，有一个人要过马路，你能够踩住刹车，没有按喇叭催促他，示意那个过马路的人先过），你就会很愉快，心情会很好，因为你的自我认同度提高了。

又如，在地铁上让座。有测试显示：让一些人在地铁上不让座，还有一些人让座，结果发现让了座的人比不让座的人觉得更轻松。不让座的人下了车以后觉得好累，因为他没有社会价值感。

我们要了解信心的概念。行为失当的孩子是因为丧失了信心，感受不到归属感，也感受不到自己独特的价值。

不良行为有四类：

1. 寻求过度关注

我接触过一个朋友的孩子，他过于需要妈妈盯着他。只要妈妈不盯着他，他就哭。到了晚上睡觉的时候更敏感，妈妈只要一动一走，他就大哭。

2. 寻求权力

典型的方式就是家中发生了权力争夺。如果家长把前期工作做好，就不容易出现权力争夺。

在我家，很多朋友说嘟嘟很听我的。很多时候，我只需要一句话、一个微笑，或者冲他示意一下，他就知道我是什么意思，就按照我说的、我的提议去做了。

因为在我家，我们都知道谁说了算。父母是监护人，父母的决定肯定是要执行的，这没有疑义。那么，能不能尊重孩子的意见？当然可以。我们的决策是建立在对孩子的尊重之上，我们会跟他讨论，问他的意见。

一旦父母做了决定，孩子就不会轻易挑战了。因为孩子充分地相信父母，3岁以前打下来的基础，后期就会很少出现权力争夺。

3. 报复

比如，乱花钱、破坏家里的东西、故意搞得家人没法睡觉。孩子有很多种方法来让父母觉得不舒服。

4. 自暴自弃

孩子做任何事情都觉得无力，不愿意努力，也不愿意学习，更不喜欢交朋友，父母骂他也不还嘴。

这四种行为听起来并不陌生，因为成年人身上也会出现。

识别不良行为有从内到外两种方式。

从内寻找的方式是，大人关注自身的感受。当家长感受到孩子让人有恼怒、着急、内疚或者烦恼等感觉时，孩子的目的可能是寻求过度关注；如果家长感觉到威胁、受到挑战、被激怒或者有时候被打败了，孩子的目的可能是寻求权力；如果家长感觉受到伤害，感到失望、难以置信，或者是憎恶，孩子的目的很有可能是报复。法国电影《放牛班的春天》里有一个抽烟的小孩儿，最后选择的办法就是放一把火，把整个学校烧掉了，这是极端的报复。如果家长感觉绝望、无助，那么孩子有可能是自暴自弃。

由外而内的方式是，观察孩子的行为，从孩子身上寻找线索。如果家长要求孩子停下来，孩子的反应是停下来一会儿，但通常不久就重新开始，这有可能是寻求过度关注。

如果你要求孩子停止，他还继续他的不良行为，并且对你的要求言语顶撞、消极抵抗，这可能是他在寻求权力。

如果孩子以一些破坏性的行为或伤害你的话来反击你，那么这常常会升级为孩子对你的报复。

如果孩子很消极，希望你快点儿放弃努力，别再打扰他。比如，他会在班上成为一个很放任的人，成为班上经常闹笑话的人。有的孩子在班上总是出洋相，这其实就是自暴自弃的一种表现。

出现以上四种行为，最基础的解决方法，是你要跟孩子建立感情，要对他表达你对他的欣赏，要更多地关注他的优点，并且表扬他，让他知道爸爸妈妈对他有无条件的爱。

1. 对于寻求过度关注的孩子，你可以尝试给孩子一些确定的任务，当去关注那个任务时，他会有成就感；经常拥抱他；创造一些特别时光，比如约定好一个亲子时光，不被任何人打扰。

书中有一位妈妈，在陪她 3 岁的女儿享受特别时光时，如果电话响了，这位妈妈会接起电话说："对不起，我现在不能和你通话。这是我和萝莉的特别时光。"孩子听到后，感觉自己得到了充分的关注。

学会营造特别的时光后，孩子就根本不需要天天引起你的关注。

我随时可以从嘟嘟身边走开：我去出差，嘟嘟跟我告别；我去工作的时候，他也不会来打扰我。他不需要通过不断地打扰我的工作来引起我的关注，他心中很确定地知道，爸爸是非常关注他的。

我跟嘟嘟可以完全相安无事地在一起，我看我的书、画导图，他写作业。有时候，他写完作业，还说：“爸爸，你的导图画得真棒！”

父母还可以跟孩子会意地一笑，约定一些暗号。比如，我跟嘟嘟约定吹一个曲调的口哨就是要见面。口哨响起，他一定“噔噔噔”地跑过来。独特暗号会让孩子感觉到亲密感。还有的父母会约定做某一个动作就代表“我爱你”。

书中还有一条建议，就是避免特别服侍。如果一个家长对孩子过度伺候，孩子做任何细节，家长都满足的话，孩子就会过度地索取。他就会不停地要，因为这是永无止境的。

如果他寻求过度关注，你可以不说只做。就是你不要忽略他，而是忽略他那个引起你过度关注的行为，带他进行下一步该做的事。比如，他应该去洗脸、刷牙，但他闹、他不去，你给他挠挠胳肢窝，他乐一下，你把他推到洗漱台那儿去，带他去就好了。不用把这件事放大，不用跟他一直讲道理。

2. 对于寻求权力的孩子，有效的一招是退出。权力的争夺代表着权威感的丧失，代表这个家里没有人说了算，大家只能够争。

家长退出，先冷静，等情绪平稳的时候再来解决问题。

要确定你自己的行为，而不是规定孩子的行为。如果你有自己的原则和底线的话，要说出来。比如，今天不整理厨房的话，就无法做饭。

如果你确定了这么一个行为，你就要把这个行为告诉他，并且大家都要执行，要让孩子跟你一起来面对。如果不能够达成一致的话，就会形成自然后果。

在正面管教中，一定要分清楚逻辑后果和自然后果。

简·尼尔森提到了自己的一个经验。她很多年都在提倡逻辑后果，但令人沮丧的是，不少父母和老师给她提供的逻辑后果的案例看起来更像是惩罚。很多人会拿孩子的正确行为来交换一些东西，这是非常糟糕的行为。

比如，孩子的成绩不理想，父母就取消说好的旅游。这听起来是一个逻辑结果，但实际上是一种惩罚。这会破坏无条件的爱，会让孩子觉得你跟他之间并不是爱，而是索取、要求或者交换的关系。

简·尼尔森提出了自然后果，自然后果是指自然而然发生的事情，其中没有大人的干预。比如：不做饭，肯定没饭吃；提醒孩子很多次要带便当，孩子还是忘了，忘了就自己想办法。这都属于自然后果。这是要让孩子知道，父母也有他们的原则和底线。

还有一招是让孩子参与问题的解决。通常，孩子们是很有创意的，可以邀请孩子把底线都列出来，大家共同商议。

还要经常对孩子表达爱和关怀。因为寻求权力的孩子往往是觉得父母不爱他，爱是一种缺失。

3. 当孩子出现报复的手段时，书中的建议是不还击。

如果孩子划破你的沙发，你把他的书包撕烂，这都是你买的，何必报复呢？

我记得中学的时候我们爱踢毽子，我们班上的一个孩子不听话。他就拔教室里的鸡毛掸子上的毛，一会儿拔一根，拿去做毽子。

老师很生气，当着全班同学的面把鸡毛掸子撕碎了。老师抓狂了，整个教室里飘的全是鸡毛。

我现在想想觉得很残忍，老师的心里多么痛苦，他是拿这帮孩子一点儿办法都没有了。我们还把老师撕下来的鸡毛全拿回家做毽子，觉得很开心，这节课也不用上了。

在家庭教育中出现冲突时，父母不要跟孩子计较，始终保持友善的态度。你可以撤出，还可以反映情感，说："你刚刚这样做是代表了你内心很痛苦，我知道你觉得自己受到了忽略，所以你才会做这样的事。"当家长能够准确地反映出孩子的情感时，他的报复行为就会减少。然后，家长再邀请孩子一起来想办法解决问题。

4. 对一个自暴自弃的孩子，我们需要学会花时间来训练他。比如，教他先做一些简单的任务，他完成一点儿，就给他足够的激励和肯定。别在肯定他以后提出更高的要求，防止给孩子带来很强的挫败感。父母肯定孩子的这些小成功，更多地去关注孩子的优点。

有趣、有效的管教工具

《正面管教》里有不少非常独特的工具，有一个非常经典的工具，叫"积极的暂停"。

积极的暂停是为了解决问题，不是惩罚，不是对孩子说"闭嘴、站着别动"，而是说一起寻找一种方式，找到一个空间，让大家冷静下来。

比如在家里，大家闹僵了、生气了、开始权力争夺了、报复了，这时候要喊暂停。

积极的暂停有一些原则是需要学习的，不只在家庭环境，在学校里也十分有效。

第一要花时间训练，要告诉孩子，无论是在家里还是在学校，都有一种方法叫“积极的暂停”，这是为了让我们快速地从不良的生气状态中恢复过来，这是需要训练的。

第二是让孩子们布置自己的暂停区。有的孩子会布置一棵棕榈树，生气了就去棕榈树下待一会儿，有的孩子会把暂停区布置成玩具、布置成书。

我还见过一个特别好的案例：一个青春期的男孩，经常在班上暴躁、发火，他控制不住自己的情绪。老师用正面管教的方法说：“我理解你刚刚真的很生气，我能够感受到你的愤怒是发自内心的，咱们有没有什么办法解决这个问题？别把其他同学吓到了。”

后来，老师和男孩商量的方法是，每次出现这样的情况时，男孩就主动地到教室外面去走一圈。一开始，男孩往教室外面走的频率特别高。过一小会儿，他就冲到教室外面去走一圈。老师表现得很正常，看他走出去就微笑一下。等他回来的时候，老师有时候会跟他谈谈：“今天又生气了，是吗？有什么感觉？”慢慢地，男孩往外走的频率越来越低。往外走就是一个积极的暂停的过程。

第三是大人可以事先跟孩子们或者学生们商量好一个计划。

第四就是要教孩子感觉好起来后，如果问题仍然在，就要去找解决问题的方案或者做出弥补。

解决问题的一个工具叫“启发式问题”。

比如说：“你刚刚做这件事的时候，心里是怎么想的？你觉得我们怎样才算是把这件事更好地解决了？要照顾到大家的情绪。你有什么更好的想法和建议吗？”在启发式问题的这个环节，尽量少用“为什么”。“为什么”这个词很容易让对方听到觉得是谴责。

简·尼尔森认为启发式问题的核心技巧，在于你问这个问题是发自内心想要帮助孩子开阔视野，让孩子知道有更多的选择。

另外，还要有效地运用鼓励和赞扬。

好的鼓励和赞扬是表扬孩子并告诉孩子为什么表扬他。

有个实验是，两组玩拼图的小孩儿接受表扬，其中一组接收到的是“你真聪明”，另外一组是“你们真有探索精神”。

被表扬聪明的孩子，在接下来的游戏中，更多地选择了更简单的拼图。而被表扬有探索精神的孩子，在接下来的游戏中，更多地选择了更难的拼图。

我们的一句话能够让孩子的行为产生这样完全相反的行为方式，大人说的话是如此重要，我们要更多地肯定他的动机和过程，而不是简单地肯定结果。

简单地肯定结果，孩子不知道自己为什么做对了、不知道哪儿做对了，不会继续养成这个习惯。如果肯定的是过程和动机，他就会继续保持探索精神，下一件事情会做得更好。

最后，我们可以学习开一个家庭会议的大致内容。

1. 家庭会议每周一次应该就够了。

2. 应该在全体一致同意的基础上做出决定，家里有一个人不同意，就要和他讨论。但是，如果他真的不同意的话，就先搁置，不做决定。

3. 家庭会议应该包括对下周活动的讨论。

4. 会议不光是严肃地解决那些难以解决的问题，还要讨论娱乐活动。

5. 家庭会议应该以一个全家人参与的活动来结束。大家可以一块儿玩个游戏、吃爆米花、切一个蛋糕。

6. 在家庭会议上，大家围坐在一张干净的桌子前有助于专心地解决问题。

开会的时候一定要正式，要有主持人，要有会议的秘书，要有发言的顺序，要有一些秩序。这种做法会帮助孩子很容易地学习一种解决问题的方法，孩子会知道，讨论问题、开会是一种最基本的方法。很少有家庭会开这样的会议，我家也没有定期开这个家庭会议的习惯，只是在遇到一些事的时候，大家坐下来讨论。今后，我觉得可以开起来，尤其是我们可以讨论下周玩什么、吃什么。这是特别有意思的，可以让自己的家庭氛围变得特别活跃、热情。

在《正面管教》中，简·尼尔森还提到了单亲家庭。单亲家庭不是破碎的家庭，只是不同的家庭。

很多人现在一遇到问题，就会说因为这个孩子是在单亲家庭中生活，所以如何如何，这会给孩子和家长造成很大的压力。

单亲家庭的孩子依然可以出圣贤，把问题归结为单亲家庭是不负责任的。单亲家庭只是父母有了不同的选择，是否存在问题取决于这个家庭里的人如何看待这件事。如果父母能够正常、开心、冷静地面对，认为这只是家庭的一种形态，父母对孩子照样有爱，给孩子足够的关注和爱，孩子是没有太大影响的。但是反过来，如果父母在内心已经设定了失败，孩子才会出现行为上的偏差。

《正面管教》的英文版 1987 年问世，现在依然畅销不衰。让我们一起学习用温柔而坚定的方法来帮助孩子，既建立自己内心的爱和安全感，同时又能够拥有独立解决问题的方法和规则，让孩子依天性健康地成长。

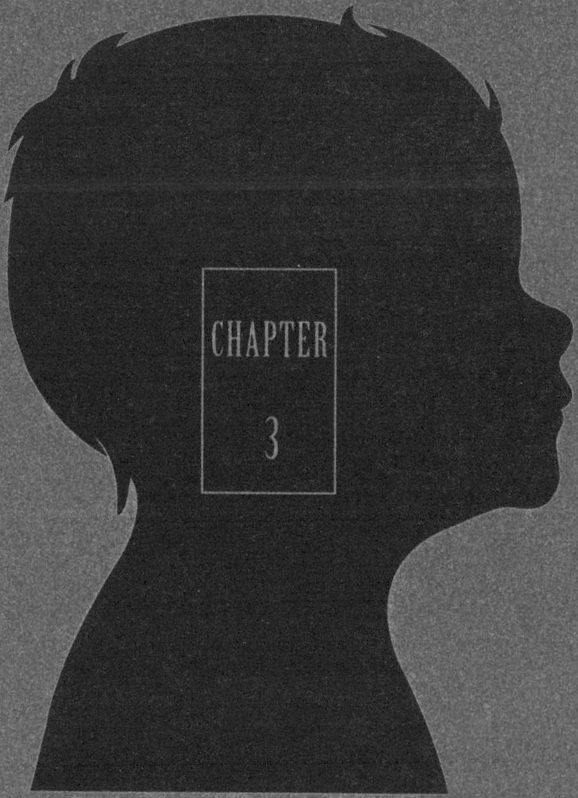
CHAPTER
3

第三章

亲子沟通的方法与训练

如何培养孩子的社会能力：
神奇的游戏

一个平常学习成绩特别好的孩子和一个调皮的孩子一起做了调皮的事，都被老师叫到办公室去谈话，调皮的孩子觉得没什么，但学习好的孩子受不了，结果发生了悲剧。这是只关注了学习能力，但是缺乏培养孩子社会能力的一个令人痛心的事件。

社会能力，简单地说就是要教会孩子去处理人际关系的问题。方法简称“ICPS”（Interpersonal Cognitive Problem Solving），叫作“人际认知问题的解决”。《如何培养孩子的社会能力》一书的作者突然想到ICPS应该改成I can problem solve，就是“我能解决问题”。

《如何培养孩子的社会能力》一书有大量解决人际关系问题的方法。

在一个最简单的场景里，比如说两个孩子争抢玩具，家长应该怎么做？

第一种方法，家长说：“小孩儿的事，不要管了。”尤其是自己的孩子不吃亏的时候，就放任不管。

第二种方法，家长告诉自己的孩子：“你还给人家，一、二、三……”这个叫“控制型”的方法。

第三种方法，家长说：“别抢了，别抢了。走，再给你买一个。”这叫“贿赂型”的方法。

以上三种方法其实都不对。

第四种方法就是家长学会培养他解决社会问题的能力。

神奇的词语理解游戏

首先帮助孩子玩字词游戏。

在孩子一两岁开始学说话的时候，教他玩字词游戏，让孩子学会一些简单的词。比如：是，不是；和，或者；一些，所有；之前，之后；现在，以后；相同，不同。

这些词的特点是给了孩子更大的选择空间，让孩子知道：这些事可以这样，说不定也可以那样；如果换成那个样子会怎么样；这是一部分问题，那么其他的问题是什么。

这能帮助孩子拓宽自己的视野。

我跟嘟嘟互动的过程中，就会用到这样的方法，他现在就特别善于使用各种各样的连词。

有一次，我们在院子里坐着，一个蚊子咬了他，起了一个包。

我说：“哎呀，嘟嘟怎么被咬了这么大一个包？”

嘟嘟说：“其实，被蚊子咬个包也未必是一件坏事。”

我说：“为什么呢？”

嘟嘟说：“因为咬的时候，是挺痒的，但你挠一挠呢，还挺舒服。”

一句话里，他用了多个连词。当他善于使用这些连词的时候，他面对生活的选择空间就很大了。

孩子很小的时候，家长要多用这些词和孩子对话，他自然会模仿你。

其次，帮助孩子学会理解他人的感受。

有人拿了一些图，图上有很多表情，有的是哭，有的是笑，有的是愤怒，让学校里的孩子来识别这些图上的表情。

“学校小霸王”大部分都分辨不清这些图画上的表情，他们会把一个看起来很生气的人视为正常。

他分不清这个人的表情是什么，因为他从小就经常被人忽略感受。一个人经常被别人忽略感受，就会容易倾向于忽略别人的感受。

很多家长在孩子摔倒时，第一反应是说：“不要哭。”孩子越哭，父母越生气，最后导致孩子真的不哭了，但是他学会了忽略别人的感受。

我们如何帮助孩子？

第一个方法是通过看图游戏帮助孩子理解他人的感受。

孩子在看图和看动画片的时候，家长要与孩子互动。比如，在孩子很小的时候就跟孩子玩看图游戏。一起看图上的人，问问孩子这是什么表情。看动画片的时候，问问他，这个角色是怎么想的、是什么感受。

家长要教会孩子表达情绪的词：开心、伤心、生气、骄傲、沮丧。我们中文的词更丰富，比如寂寞、空虚等表达复杂感受的词，都可以帮助孩子慢慢地体会，最终学会它们。

第二个办法是在生活中观察。

看到小朋友生气、难过，这时候你要问孩子：“朵朵刚才跟她妈妈吵架了，她妈妈现在是什么心情？朵朵现在是什么心情？”这就是在帮他去识别他人的感受。

看到他人开心或争论时，和孩子聊一下，都可以加强孩子理解情绪的能力。

第三个办法是讨论感受。需要提醒的是，当家长在跟孩子讨论感受的时候，千万不要过多地评判。

例如，家长在跟孩子谈话，孩子说：“这个事儿我真的特别生气。”家长说：“这件事其实你不应该生气。”这不是在讨论感受，而是一张口就开始评判，孩子连跟家长讨论的兴趣都没有了。他会觉得这样的聊天压力很大，因为家长总说自己不对。

一个智慧的家长，应该懂得跟孩子讨论感受。

爸爸说：“你现在是什么感觉？”

孩子说：“我很生气。”

爸爸接下来说：“为什么生气？是什么原因导致你生气了？”这叫作“讨论感受”。而不是简单地说：“你不应该生气。”这是在评判对方，认为对方不对。

我们还要继续升级，去帮助孩子学会更多的词语。

比如：合适，不合适；公平，不公平；如果，那么；可能，也许；为什么，因为。

这些词都能够让孩子在生活中找到更多的出路。有的家长甚至把这些词打印出来，贴在墙上、冰箱上，因为这些词对于孩子解决问题非常重要。

书里有一个精彩的场景——妈妈教大家玩“为什么”的游戏。妈妈不论说什么，孩子们都会问为什么。一轮游戏玩完以后，孩子们玩得特别开心。

接下来，角色互换，让孩子们找答案、找原因。

通过这个游戏，可以帮助孩子去理解和解释，也能让孩子们学会尝试着去解释各种各样的事情。

我在家里为了培养嘟嘟的创新能力，也会玩一些文字游戏。

我说：“来，嘟嘟，咱们俩玩个游戏。我说一个东西，你说一个东西。咱俩把这两个东西结合起来，创造一个新东西。”

嘟嘟乐此不疲，他说“汽车”，我说“棉花”。

然后创造一个新东西，比如“拿棉花做成汽车的形状，做一个冰激凌小屋”，或者“在汽车里放很多棉花，冬天开车的时候就可以不开空调了”。

答案是什么不重要，重要的是家长和孩子不断地互动，用游戏的方式帮孩子学会各种各样的东西。

在教孩子学习更复杂的词的时候，我们需要玩各种各样的游戏。在这本书里，有很多类似这样的方法。这样的游戏，在孩子越小的时候去玩，效果越好。

你要相信一件事，就是只要你给孩子一点点机会，孩子的学习欲望和学习能力就会远远超出你的想象。他们学得太快了，甚至他们会整天拉着你玩这个游戏。

你千万不要担心，如果起了一个头，孩子不玩怎么办，除非你之前已经把他伤害得太厉害了。你应该会特别认真地来做这件事。

辅助孩子而不是替代

我们之前设计的一个场景，孩子抢了别人的玩具，该怎么处理。

普通的解决问题的方法如下：

妈妈说："你要把这个玩具跟妹妹分享。"

哥哥说："我不，这是我的玩具，我不愿意跟她分享。"

妈妈就对妹妹说：" 要不然，你别要了，我再给你买一个吧。"

妹妹说："不行，我就要这个。"

两个孩子都不愿意妥协，妈妈便对哥哥说："你要学会分享，知道吗？你和妹妹分享，你们俩分享才好玩，不分享怎么好玩呢？赶紧分享，一块儿玩。"

哥哥说："就不！"

妈妈急了："你这孩子怎么这么不听话呢？赶紧分享，我数三下，一、二、三，你和她分享……"

妈妈从哥哥手里把玩具拽过来给了妹妹，哥哥"哇"的一声哭了。

这个方法让哥哥学会什么叫"分享"了吗？

他说："哼，分享！我知道了，分享就是把我的东西夺走了给别人。我讨厌分享！"

他学会分享了，但是他讨厌分享。

这种原始的办法，是父母在替孩子解决问题。很多父母在生活中总在替孩子解决问题，而这时候孩子压根儿学不会，那么I can problem solve.（我可以解决问题。）

ICPS 的方法会怎么做？

第一步，要问大家："发生什么事了？"搞清楚问题是什么。

哥哥说："她要我的玩具，我不想给她。"

妹妹说："我想要他的玩具，我特别想玩。"

第二步，问双方的感受如何："那你们俩现在有什么感受？"

哥哥说："我不高兴。"

妹妹说："我也不高兴。"

现在，两个人都不高兴了。

第三步，鼓励大家一起想办法解决问题："咱们今天在一块儿玩，是为了高兴，对吧？为了能开开心心地在一块玩，谁有办法让大家高兴起来？"

家长要随时随地调动孩子去玩游戏，要知道孩子最喜欢做的事就是玩游戏。这句话就等于说"咱们来玩一个游戏，比一比，今天下午看谁能够让大家开心"，孩子们的积极性就会被调动起来，因为游戏来了！

第四步，当双方提出了想法后，说："我帮你们写下来。"

家长认真一点儿，拿张纸，帮两个孩子记一下。两个人都说完了，还可以问问有没有别的方法。

如果一招试了不管用，还可以继续讨论。比如，再试着画一条线，左边是哥哥的方法，右边是妹妹的方法，一个一个地探讨，这就是在帮他们练习解决问题。

哥哥说："我可以给她玩，但条件是她不能带走。"

妹妹说："我不带走，我还可以把我的这个小玩具给你玩。"

试试看，这时候，妈妈问："现在，你们俩感受怎么样，开心了吗？"

两个孩子回答："我挺开心的。""我也挺开心的。"

最后一步就是帮孩子体会："孩子们，知道你们刚刚这个行为叫什么吗？你们刚刚这个行为就叫作'分享'。"

孩子这才真正学会了什么叫"分享"，因为那是他们做到的，而且他们感受到了分享以后所带来的快乐。

ICPS 的方法，就是要通过辅导的方法，而不是告知的方法来解决问题。

我讲领导力常用两种模块：一种是指令的方法，直接让别人去做什么；另一种是辅导的方法，就是要问对方"你的目标是什么""现状怎么样""你打算怎么做""有哪些方法""结果会怎么样"。

对待大人的这种辅导方法，和对待孩子的 ICPS 方法，几乎是一模一样的。

这样的方法会在每一次处理问题之后，孩子都会拥有成就感。他会觉得自己又学会了一件事。比如，今天学会了分享，今天学会了原谅，今天学会了鼓励和号召……

家长帮助孩子学会很多方法来解决问题，是本书的核心所在。

角色扮演，玩偶，找办法游戏

帮助孩子练习 ICPS，书里有具体的办法：

第一个是角色扮演。

白天发生了一件事，大家很不愉快。爸爸妈妈不要难过，毕竟孩子就是孩子，我们不能指望他每次都处理得很好。

晚上爸爸和孩子在家里的时候，可以玩一个角色扮演的游戏。爸爸说："咱们现在把白天你和麦克打架的那件事再演一遍，好吗？看看有没有别的办法，你演麦克，我演你，或者你挑一个角色。来，咱们来做游戏。"

通过这个游戏，不断地帮助孩子尝试新的方法，让孩子看到，不同的方法会导致不同的结果。

很多家长都不会跟孩子玩，要么陪孩子看电视，要么读书、讲故事。家长应该和孩子玩起来，比如玩演话剧，两个人直接表演，能增加孩子的成就感，让孩子有更多的想象空间。他将来有可能成为一个编剧，还能够有益于亲子关系。

最重要的是帮助孩子找到解决问题的方法。在这个过程中，不要过多地评判孩子，不要过多地说这样做对或者不对，让孩子把心中所想呈现出来就好。这是我们可以立刻去做的事情。

第二个是玩偶游戏。

因为孩子们对玩偶是很感兴趣的，家里可以买两个玩偶，通过作为第三方的玩偶来对话，尝试玩各种各样的游戏。比如："现在，我们的规矩是我说什么，你都说为什么。"

第三个是找办法游戏。

一件事发生了，不知道该怎么解决，就一起玩一个找办法游戏，多个孩子也可以一起玩。想出一个办法就记录一个，几个孩子在一起的时候，他们会开始竞争。当孩子们不断地涌现出很多想法的时候，就是他们在尝试着多样化地解决问题。

要强调的一点是，当家长特别认真地拿纸、拿笔写的时候，孩子会觉得爸妈对自己的事情非常认真，他也会很认真地对待这件事。

我在家里和嘟嘟玩，拿一张纸开始记东西时，他都特别认真，每次都趴过来看看我写得对不对。用纸记录是有仪式感的，是非常有效的方法。

这三个方法都能够训练孩子去做 ICPS，训练孩子去做 I can problem solve。

在这个过程中，如果你觉得孩子提出的方法太鲁莽、太简单、太粗暴、会造成伤害等，这时候，你就要教会孩子考虑后果。有两个办法：

第一是用“之前”“之后”来造句。比如：在你动手打麦克之前，是怎样的状态；你动手打了麦克之后，是怎样的状况。

第二是用故事接龙的方法。比如，你说：“今天上午上课的时候，你和麦克开始打闹，然后麦克很生气，追着你在教室里打。这时候，他把你打疼了，你也很生气。接下来轮到你了，该你说了。”孩子接着说：“我就踢了他一脚，我拿铅笔盒在他脑袋上敲了一下，然后……”后面的故事可能会编得很离谱，可能孩子编得让你哈哈大笑，可能会编得连龙都出来了，这都没关系。因为你是在用这种方法，不断地帮助孩子考虑“接下来如何”“后来怎么样了”。

当一个孩子学会去考虑后来的事时，他自身的责任感就出现了。

有一次，我在一个旅游景点看到两个小男孩玩得很开心。这时候，他妈妈喊：“过来照相！”两个小男孩说：“我们可以跟你照相，但是照完相之后，要让我们玩 iPad。”妈妈听后很生气地说：“不要你们照相了，也不让你玩 iPad。”小男孩们说：“不照就不照。”然后就走掉了。双方不欢而散。连照个相这种事，都被孩子拿来要挟，孩子的主动性就已经被破坏掉了。

我想让嘟嘟自己意识到，整天玩游戏是一件挺危险的事，就要帮他去设想后果。

我说：“嘟嘟，你知道爸爸为什么担心你玩游戏这件事吗？”

他自己想了一下，说：“眼睛会坏。”

我说：“你希望自己上小学就戴个眼镜吗？”

他说：“我不喜欢，我不戴眼镜。”

我接着说：“这是其中一个后果。除了这个之外，你觉得一个人整天玩游戏，还会有什么后果吗？”

他说：“还容易学习成绩很差。”

我说：“这也是一个很重要的后果，你想不想知道爸爸担心的后果是什么？”

我在调动他思考，让他参与进来讨论。他说：“我想知道。”

我说：“爸爸担心的是怕你成瘾。一个人一旦玩一个东西玩成瘾了，就很难自我控制。那时候，他没有自控力了，整个人就什么事都做不成了。他会被游戏控制，而不是他自己能做什么事。”

聊过之后，他玩手机，就充分考虑眼睛、学习、自控力的问题。

有一天，一个阿姨不让他玩游戏，嘟嘟还说：“我是有自控力的，放心吧。”玩了一会儿，他自己就把手机交回来了。

让孩子自己去了解一件事的后果如何，他会调动自身的力量去解决问题。父母应该更多地去信任孩子，而不是不断地去评判、管束、批评。在他表现好的时候，一定要给他足够的奖励，不要给物质的奖励，那会让孩子变得被动，贿赂的方法只会跟孩子形成交换的关系。

他表现得好时，你可以说：“你今天表现得好，因为你表现出了男子汉的气概。”“因为你表现出了坚持。”“因为你表现出了认真。”这时候，孩子才会更加愿意坚持做这件正确的事。

让孩子认识到做对了一件事本身的意义和价值，是 ICPS 的核心。书里还有很多游戏方法，家长可以直接照书套用。

呵护孩子的自立能力

孩子与孩子之间有问题的时候，有三个原则特别重要。

1. 搞清楚孩子对问题的看法。

父母搞清了孩子的想法和对事物的看法后，千万不要试图把孩子拉到自己的价值观的层面上，这是因为：首先，你的价值观未必就是对的；其次，强加的效果一定会很糟糕。

不评判的谈话是高难度的谈话，我在跟同事、陌生人谈话的时候，尽量做到不评判、倾听、多了解，而我跟我老婆说话的时候，经常就会评判。我忍不住就会说：“你这样做是不对的，你为什么不试试那样做……”

当评判加入进去的时候，对方的反弹情绪立刻就起来了，结果会变成争执。我们应该对孩子有更多的好奇心，去了解他，让他用“因为……所以……之前……之后……”这些词来讲述整件事情，分享他内心的感受，会更利于增强亲子关系。

2. 要让孩子来解决问题，而不是替孩子解决问题。

如果家长总是替孩子解决问题，孩子就永远有层出不穷需要解决的问题。只有对孩子放手，让他去学会解决问题，他才能够很快地学会这些解决问题的方法。

樊登读书的会长中有一位很棒的爸爸。他的女儿今年 14 岁，一个人背着包去美国留学。走之前，小姑娘告诉爸妈不用送，她自己去就行了。她为长期的留学准备好大包小包，就上路了，飞了 27 个小时。

到了美国以后，美国当地不允许15岁以下的孩子单独旅行，她没有相关的证明，起初遇到了麻烦。小姑娘开始和美国人沟通，说自己独自来美国是为了留学，希望自己能够锻炼一下，所以说服父母，独自出发……

结果，她不但被放行，航空公司的机长还邀请小姑娘参观驾驶舱，大家一起拍照留念。美国人对待单独上路的孩子特别友好。现在，小姑娘在美国已经好好地开始读书了。

她的自立能力如此之强。我在和她父母相处的过程中，发现她的爸妈经常把解决问题的任务交给孩子，孩子身上有特别多的责任感。他们对孩子表现好的地方，毫不吝啬地肯定和表扬，那种认同的感觉是发自内心的。他们夫妻之间的互动也如此，妻子在讲到丈夫的时候，毫不掩饰地流露出对丈夫的崇拜和喜爱。家庭成员间的互动非常健康。

3. 思考的过程是重点，而不是把每一件事都做到完美才是重点。

很多父母不愿意尝试让孩子自主地解决问题，原因是怕做错了，造成伤害，得罪别人。要知道，不必担心每一件事，因为更重要的问题是这个孩子人生的结果——让孩子的人生收获什么，他有没有得到成长。所以，关注点不应是每一件事解决之后的具体结果，而是教会孩子解决事情的过程，才是我们运用ICPS的核心所在。

培养孩子的社会能力其实并不复杂，但是你会发现，难点在于让父母学会抽出身来，父母不要成为孩子人生的主角，而是让孩子成为主角。

我在生活中见过很多人都已经工作很多年了，到现在还是每天跟父母不停地吵架。因为父母不停地干涉他的生活，他的人生几乎都是被父母包办的。当孩子丧失了自己对人生的主宰权，也不认为自己对人生有掌控力或者责任感时，他就变得特别被动，任何一份工作都不会做得特别出色。

希望我们读了《如何培养孩子的社会能力》后，开始慢慢地改变。让孩子自己去做主，让孩子自己来学会解决问题。我们给他更多的提问，给他更多的支持，帮助他学会各种各样的词语，帮助他体会各种各样的情感。利用书里的各种小游戏来改变家庭，一个家庭一个家庭地改变，我们的世界就会变得越来越好。

你就是孩子最好的玩具：走出误区迎接爱

《你就是孩子最好的玩具》是我觉得特别幸运能够遇到的一本书。我在养孩子之前养过一条狗，特别失败，我训练不好它。我特别担心，连动物都训练不好，我将来养了孩子会不会更加迷茫。我翻阅了大量儿童教育的书籍，《你就是孩子最好的玩具》是非常有效的一本。

我曾在樊登读书的线下活动中分享了这本书。讲完后，刚走出门口，我就看到一辆奔驰停在我面前，从车上下来一位女士，她把一个八九岁的小孩儿直接从车上拎起来扔在路边。女士上车，关了车窗作势欲走，小孩儿吓坏了，趴在车窗口使劲儿喊："妈妈，妈妈！"女士就是不理，我当时看得心都要碎了。

我的朋友马上上前去制止她。他过去敲开车窗，对那位女士说："你知道这样做对孩子造成多大的伤害吗？你有没有读过《你就是孩子最好的玩具》，这样做会让孩子感受不到无条件的爱。"

这种惩罚的行为如果不制止，带来的重要问题是，孩子今后会时时刻刻都觉得自己有可能被妈妈抛弃。结果就是到了青春期，孩子具有了反抗能力，会更加大力度地去反叛。这就是为什么很多父母觉得孩子在青春期之前很听话，可青春期后，就开始摔门、翻脸、冷战、离家出走。

如果不希望自己的家庭出现这样的问题，我们就一起来学习《你就是孩子最好的玩具》吧。

与孩子相处的典型误区

《你就是孩子最好的玩具》从带孩子的误区开始讲起。

第一种误区叫“控制型父母”与“放任型父母”。

控制型父母带大的孩子通常会有两种情况：要么变得特别懦弱，因为他从小被控制，已经丧失了自信；要么变得特别有控制欲。一个人如果特别有控制的欲望，他自己会特别痛苦，因为这个世界上能够被一个人控制的事其实是非常少的。

放任型父母在孩子哭的时候说：“没事儿，让他哭，哭会儿没关系……”孩子哭起来撒泼、打滚，也没人管。放任型的父母带的孩子长大以后会出现的问题是，极度缺乏团队的归属感，会过度具有依赖性。有可能网络上瘾，极端的情况有可能会加入黑社会的帮派、吸毒，因为他没有团队归属感，只有在某个特定的环境中，他才能够找到自己的归属感。

第二种误区叫“贿赂型”。

孩子哭的时候，父母说：“别哭，别哭，爸爸给你买糖吃，爸爸带你去看电影。别哭，咱们去买个自行车……”很多父母习惯用贿赂的方法来对待孩子，比如在墙上给孩子贴小红花。

贿赂带来的问题是，他做任何事都没有来自自己内心的动力。他的动力全部来自外在的确认，做一个好孩子的乐趣是来自有人给他一朵小红花。他对自己学习成绩好没有乐趣，成绩好是为了能够得到一笔“奖学金”。

如果一个人感受不到事情本身的乐趣，是很危险的。我们想想看，人的一生中永远都有人给你外部的确认吗？永远都有人从外部激励你去做事吗？

第三种误区叫“忽视、低估、否定孩子的感受”。

比如，孩子从幼儿园回到家，说很饿。妈妈说“你不饿”。这就是否定他的感受。孩子摔了一跤，尤其是男孩子摔倒以后，妈妈过来说的第一句话是：“不疼不疼，快起来。”设想一下，我们成年人如果在厨房里摔了一跤，伴侣过来说“不疼不疼”，你心里是什么滋味。

如果父母经常用否定和忽视感受的方法来对待孩子，孩子也会感受不到别人的痛苦。我们经常见到有的孩子把妈妈气得半死，孩子过来说“别生气，生什么气，生气有什么用”。他会忽视他人的感受，很难融入社群中，甚至会伤害别人而不自知。

以上所说的这些父母在管教孩子的时候常出现的问题，我们可以对照一下。如果不读这本书的话，我们会不会在这条错误的路上越走越远？

第四种误区叫“以消极后果作为惩罚”。

要分清楚两个概念，一个叫作“直接后果”，一个叫作“消极后果”。

直接后果：比如，你跟孩子约好了，晚上五点半吃晚饭。五点半，孩子在看电视，你叫他吃饭，他不来。再叫他，还是不来。半个小时后，孩子来了，饭没了。你可以直接告诉孩子：“我理解你，但是的确没有饭吃了，要不明天早一点儿吃饭吧。”

消极后果：比如，孩子失手打碎了杯子，你一气之下说："今晚不允许看动画片。"不能看动画片和孩子打碎杯子之间没有必然的联系，这不会让他变得更乖，而是让他学会了怎样欺骗你。消极后果和直接后果的区别是特别明显的。

还有一类典型的错误是体罚。

父母是孩子最重要的安全屏障，父母在揍孩子之前酝酿的气氛是特别吓人的。孩子如果感受到父母失控，他整个安全的屏障就彻底被摧毁了。这导致孩子今后有任何错误，父母都不能指责他。因为父母一指责，孩子就担心后面的摧毁，害怕父母有可能会突然不要自己了，或者害怕父母会突然变得像不认识自己的人一样。

情感引导让亲子沟通顺畅

这些都是我们常见的错误，那么，我们到底应该怎么办？《你就是孩子最好的玩具》给了我们一个非常重要的工具，叫作"情感引导"。通过情感引导的方法帮助孩子建立大量的情感类的词语后，他才能够学会用成人的方式来跟父母沟通。我们可以回忆一下，当我们的孩子很小的时候，我们首先教他的是什么词，通常是爸爸、妈妈、月亮、星星、汽车、银行这些名词。

所以，孩子小时候为什么会经常撒泼、打滚，躺在地上不停地哭，是因为孩子除了这招之外不会别的方法了，没有人教过他用什么样的方法是有效的。

父母教了他一大堆名词，而实际上最应该教给他的是，这叫作"沮丧"，这叫作"开心"，这叫作"分享"，这叫作"快乐"，这叫作"协调"……这些情感类的词语，才是父母最应该通过各种各样的方式教给他的。

但是，情感类的词语比较难教，要帮助他学会大量的情感类的词语，他才能够变得善于体会自己和他人的感受。

比如，看动画片的时候，有个动画人物的脑袋被砸了一下。这时候，你可以问问孩子：“你觉得他的感觉是什么？他心里在想什么？”这是在帮助孩子学会了解他人。

情感引导有如下关键步骤：

1. 给孩子埋下一颗种子。

比如，今天晚上要带孩子出去吃饭。吃饭之前，你告诉孩子：“今天晚上，咱们要一块儿去吃饭。进入包间以后，不能到处乱跑，也不能大声地叫唤，这是咱们今天晚上吃饭的要求。”

在出发之前讲一次，在路上讲一次，到了饭店的时候，再跟他确认一次。这叫作“埋下种子”，让孩子知道怎样做是对的。

很多父母经常不做这一步，直接就是“你给我乖一点儿”。孩子根本听不懂，就如同以前有人告诉我，录节目的时候录得有趣一点儿，这个要求简直是要命。就像很多演员听到“你要演出那种悲愤的状态”，形容词的要求都是很难做到的。你提出具体的要求才是合理的。

播下这颗种子后，就可以带孩子去享受晚餐了。

2. 不断地观察和判断孩子。

仅仅有种子，孩子未必能够做得到。要知道孩子此刻的状态是什么样的，他在不在情绪正常的范围内，还是逐渐地开始失控了。

当孩子情绪失控的时候，家长一定要懂得倾听。比如蹲下来、直视他，蹲下来，跟他的目光是平视的，问问他到底有什么样的感觉。

因为你要教他了解别人的感受，就要先学会了解他的感受。这时候，如果孩子真生气了，这里有一个非常重要的方法，叫作“反映情感”。

比如，孩子很抓狂、很生气时，你说：“你别生气，生什么气？都是小朋友一起玩。既然是玩，有什么好生气的？你再这样生气，不带你出来玩了……”这不叫“反映情感”，这叫“指责”“要求”。

当你这样对孩子讲话的时候，孩子会变得更加生气，因为他生气的感觉没有得到理解和释放。这时候，家长需要跟孩子讲：“爸爸能够理解你现在很生气。”或者：“你现在很难过，爸爸知道你觉得有点儿委屈，是这样吗？”

当你能够准确地反映出孩子此刻的感受时，他的情绪才会逐渐平复。

如果一个孩子从秋千上掉下来，妈妈跑过去时，千万不要说“不疼不疼”，可以说“我知道秋千荡那么高，掉下来很吓人。你还有什么地方疼，你告诉妈妈，看看妈妈能不能帮到你”，这才叫作“准确地读出了对方此刻的感受”。当你能够准确地读出孩子此刻的心情和感受时，他的情绪水平才会快速地下降，他才会恢复正常。

一个孩子的情绪没有恢复正常的时候，你跟他讲任何道理都是没用的。

在《关键对话》这本书的分享中，有一个非常重要的提醒：人要做双核的对话人。双核的对话人就是既要考虑谈话的内容，又要考虑谈话的氛围。

很多父母是压根儿不考虑谈话的氛围，只管把自己想讲的话一个劲儿地讲出来。孩子都已经听不进去了，或者孩子已经崩溃了、抓狂了，父母还在不停地说，这就是唠叨。导致的结果是你说得越多，孩子越不听。因此，父母要先学会关心孩子的情绪怎么样。试着先把他的情绪安抚下来，让孩子感受到有人关心他，再问他，“你觉得咱们该怎么做？”

3. 引导孩子解决问题。

问问孩子怎样才能解决这个问题。比如：“你觉得怎么样才能够和小朋友好好地相处？”“你觉得怎样能够让你们大家都开心，不打架？”引导孩子来解决问题，是情感引导的关键步骤。

在孩子做对了的时候，要告诉孩子：“你刚刚这个行为做得很好，这个行为就叫作……”这就是情感引导。

我曾经尝试在我儿子 2 岁的时候，教会他什么叫作“耐心”。有一天晚上，嘟嘟躺在床上大哭，喊着“我要喝大牛奶”。这时候，他妈妈就赶紧去给他冲大牛奶，我一看，心想糟了，这孩子的性子像他的妈妈，真够急的。

我就过去陪着他，和他在一起，给他安全感。我趴在床上对他说：“嘟嘟，你现在是不是有点儿着急？”

他开始听我说话。我接着说：“嘟嘟，知不知道什么叫‘耐心’？”他说：“我不知道。”我说：“没关系，不知道也没关系，爸爸告诉你，耐心就是牛奶还没来的时候，咱们也可以不哭。”这是先播下种子。

第二天，他要喝大牛奶，他妈妈去冲牛奶了。我又过去陪着他说：“嘟嘟，爸爸昨天给你讲过什么叫‘耐心’，你还记得吗？”他说：“记得。”然后，他开始回忆内容，说：“没有大牛奶也不哭。”我说：“很好，来，试试看。咱们能不能表现出耐心，咱们尝试一下，表现出耐心来给妈妈看看。”他就努力忍了一会儿，这时候，他妈妈过来了。

此时，要赶紧抓住这个机会去塑造他的行为，告诉他这个做法就叫作“耐心”。所以，我立刻跟他妈妈说：“你快来看，你儿子表现出耐心了。”我对嘟嘟说：“你刚刚表现的这个行为就叫作‘耐心’，你真棒，你已经学会了。”

那么，他学会了吗？小孩儿学东西真的是很快的！

后来，嘟嘟 4 岁的时候，我在家里玩手机，他说：“爸爸，我要看你的手机。”我就跟他讲“耐心”，他就说“忍耐”，他的理解变化了。他给耐心的定义是要能忍耐，不断地在改变自己对这个词的理解。

嘟嘟是受情感引导的方式教育长大的，我获得收获是在他 3 岁左右的时候。这期间，我几乎没有见过他大哭大叫、大喊大闹，我带他逛玩具市场，一点儿都不担心。他说：“爸爸，我想要这个玩具。”我说：“这个比线上贵很多。”他立刻就能放下，等我以后给他买。

他能够和我商量和沟通事情。有一次，嘟嘟从幼儿园的校车上下来，我们小区一个小姑娘想去我家玩。我就问那个小姑娘：“如果你妈妈不同意你去怎么办？”因为她妈妈经常怕给我们添麻烦。小姑娘说：“那我就求求妈妈。”嘟嘟就在旁边接了一句：“求求妈妈是没用的。”紧接着，他又补充了一句：“比这更没用的是哭和闹。”

我觉得他说的话有意思，就问他：“嘟嘟，那你说什么有用？”他说：“沟通。”

他在 3 岁的时候知道通过沟通能够解决各种各样的问题。

他跆拳道考级，要考“蓝绿带”，需要抬脚把一块木板给踢断。他连着踢了三脚，都没踢断。根据规则，踢三脚踢不断就失败了。教练瞪了他一眼，就拿着板去让别人踢。

我看嘟嘟站在那儿有点儿发慌，玻璃门外一群家长就说“糟了，过不了了”，大家都很替他担心。

大家都踢完了，考官就开始点评每个小朋友的表现。点到我儿子时，刚说了他的名字，还没点评，嘟嘟突然举起一只手说：“请考官再给我一次机会。”

全场的家长都在外边看，都愣住了。有人说：“这个孩子还能这样说话。”

考官也一愣，他也不知道这个孩子为什么会说这样的话。

嘟嘟接着说：“我只要一个机会。”他在跟考官沟通。

考官犹豫了，他不知道该不该松这个口。外面很多家长在那儿说，“给一个机会”“给一个吧”，大家都被孩子感动了。

当然，外面的声音是影响不到考官的。考官后来在里边沉默了一会儿说：“好，就给你一个机会。”

嘟嘟就去踢，“啪”，一脚就踢断了，拿到了蓝绿带。

结束之后，我进去很开心，其他家长也很开心，都过来说：“小伙子，你真棒！”

这时候，我立刻确认他的情感，我蹲下来问他：“嘟嘟，你刚刚有什么感受？”作为爸爸，我必须让他了解自己的感受。

他说：“我刚才憋得眼泪都快出来了。”

实际上，我看到，我的孩子是快哭了。

我说：“如果这个考官不给你机会，你该怎么办呢？”这个问题很重要，要让孩子知道有可能会遇到挫折。

他说：“要是不给我机会，我就好好练，下次再考。”

这时候，用情感引导的方式可以帮助他学会一种品质，我选择了教他学会什么叫作“坚持”。

我还是和他目光对视，我跟他讲：“嘟嘟，你刚刚的表现，爸爸真的很高兴。”

他说：“为什么？”

我说：“因为你刚刚表现出的这个行为叫作‘坚持’，有很多事我们真的轻易地就放弃了。但是，如果我们再努力坚持一下，不放弃有可能就能成功。所以，你今天的表现很棒，爸爸很高兴。”

他很快就理解、学习和体会到了什么叫“坚持”。

他当时非常开心地跑起来。

无条件的爱有边界

一个孩子的行为是从父母的身上学会的，有一句话特别重要——“孩子是父母的复印件。”既然是复印件，有问题就要找原件。

所以，大部分孩子身上的问题都在父母的身上有所反映。如果你觉得你的孩子难于沟通，那么很大程度上是因为父母根本没有尽到这个责任，没有教会他怎么去做。

多年前，我坐火车看到一个母亲带着一个八九岁的小男孩。一路上，两个人都在打。小男孩一直吵、一直叫，母亲就使劲儿地掐他——唯一的方法就是掐他。掐到那个孩子哭，疼了就再哭。母亲说“那我不要你了”，就把他扔到另外的车厢去了。两个人一路都在疯狂地打斗。

这种现象简直太普遍了，这对孩子的内心会造成巨大的伤害。只要有一次，孩子就知道父母对他不是无条件的爱。

我经常会问家长：“你爱你的孩子有条件吗？”大人们都会说：“我当然是无条件的，他做什么我都会爱他。”但我们往往表达出来的并不是这样，我们说的是“你要再不听话，我就不管你了”“你再不听话，就把你送人了”。我们喜欢听话的孩子，讨厌不听话的孩子。我们到底有没有条件？

当爱被附加上了这么多的条件时，孩子就不能够轻易地承认接受错误了。因为孩子一旦轻易地承认了错误，那么就意味着爸爸妈妈可能会不爱他了。这是他不能接受的，孩子越被批评，他就越敏感。

无条件的爱不意味着让孩子做什么都行。

那么，父母该怎样把握好这个度呢？比如，爸爸要从心里认定，正因为爸爸对孩子是无条件的爱，所以爸爸才要来帮助孩子。在和孩子沟通的时候也要表达出来：“因为爸爸爱你，所以爸爸告诉你怎么做是对的。”纠正了他的行为之后，还要说：“尽管今天爸爸批评了你，尽管今天爸爸纠正了你的行为，但是爸爸依然还是爱你的。”这是真正无条件的爱的家庭所拥有的语言模式。

夫妻之间也一样。当然，夫妻之间建立无条件的爱，会比亲子之间建立无条件的爱要难很多。不过，一个家庭要想稳固，这一点是特别重要的。否则的话，两口子一吵架，就互相说狠话，只能让对方心中不安全，感受不到无条件的爱。

这本书的核心是我们要学会使用情感引导这个工具：首先，在孩子心里埋下种子；接着，观察和体察他的情感；然后，引导他接下来应该怎么做正确；最后，他做对了的时候，一定要表扬他。

有一点非常重要，那就是培养一个人最重要的机会，不是在他做错事的时候，而是在他做对的时候。当孩子做对的时候，父母要珍惜这个机会，告诉他这样做是对的，并且告诉他为什么。这样，孩子才能变得越来越自信，并且积攒大量正确的行为，他跟这个世界的关系才会是和谐的。

孩子能找到乐趣所在

有的朋友向我反馈，说我讲的道理他非常认同，只是他的爱人做不到。

我的确见过很多父母为了教育孩子产生争执，有一个概念非常重要——你要搞清楚是亲子关系重要，还是夫妻关系重要。

夫妻关系要远远优于亲子关系，让孩子觉得最安全的方法是父母的关系好。父母的关系好对孩子的影响非常大，父母千万不要为了管教孩子的事，在孩子面前吵架。爸爸应该在孩子不在的时候，跟孩子的妈妈好好地探讨一下这件事，把这本书介绍给她，让她了解一下到底应该怎样教孩子。

还有人说孩子的爷爷奶奶，经常会用两极的方法来对待孩子，要么溺爱得要命，要么特别严厉。

他们从小就这样教孩子，有人意识到需要改变，还有人说："他这样教我们，我们不是也长大了？"长大了和长得好一样吗？有没有可能你只是长大了，但你的心灵受了很多的伤，有的你自己都不知道？比如，你有很多局限，你有很多不自信，有很多心灵上的盲点，你根本就不敢探索……

这都是不正确的教育留给我们内心的伤害，我自己都清楚地知道我身上有什么伤害，所以我们想做得更好，就一定有机会做得更好。

父母亲自带孩子当然是最好的，如果是爷爷奶奶带，当然要跟爷爷奶奶不断地沟通，把知识传递过去。

在我家里，我从不刻意教嘟嘟写字，但他自己乐意认字。我妈妈是小学老师，她总忍不住提醒嘟嘟，某个字写错了，某个字写歪了，某个字笔顺不对……这是小学老师认真的习惯，但我跟我妈私下里沟通，我说："孩子这个时候探索新东西的愿望才是最重要的，让他保持着这种喜欢探索的感觉，这个比纠正他把字写对要正确和重要得多。如果因为纠正他的字写得好不好看，而导致他不爱去探索、不爱去学习了，这叫作'得不偿失'。"

我妈觉得我说得很有道理，她竟然还把这段话记录下来，和很多人分享她的感受。

我们家的孩子到目前为止，没有人逼他学习，也没有人用奖励的方法诱惑他学习，我们强调的是他自己有没有发现学习本身的乐趣。

比如，他说去学游泳，就很开心地享受游泳本身的乐趣。他也不用人催着弹钢琴，不用人催着练跆拳道……我们不要求他成为钢琴王子，也没有想过他成为游泳健将。

乐趣很重要，只是得孩子自己找到乐趣。如果某一事物，他没有乐趣，我们也不强求，反正这个世界上有那么多有趣的事可以供他探索，重要的是培养孩子这种情感表达的方式和对事物的专注性。

有一位家长很苦恼地问我怎样才能让孩子喜欢弹钢琴，他们家几乎是拿个鞭子在旁边，不弹钢琴就打手板。我想了想，如果弹钢琴的时候，自己弹了一首不错的曲子，旁边马上有人说哪处没弹好、哪里又错了，然后再打手，弹琴就一点儿意思都没有了。爸爸可以让孩子感受到弹钢琴的乐趣，比如说，"爸爸觉得弹得真好听"。

这位家长说道：“孩子弹琴有时候还是觉得挺有乐趣的，但是他就是不坚持。”我说：“那你就要让他学会爱上坚持这件事。”他说：“他不坚持。”我说：“所以，你要让他爱上坚持这件事。”什么叫作“爱上坚持这件事”？比如，孩子今天突然自己跑去弹钢琴了，没有人逼他，他会自己突然弹一会儿。

总会有这样的时候，爸爸要赶紧去固定他的这个行为，用情感引导的方式告诉他：“你今天表现的这个行为叫作‘坚持’，你真棒！你善于坚持，你肯定能够学好。”当孩子感受到坚持本身带来了成就感，也有乐趣的时候，他才能够学会坚持，他做别的事也会表现出坚持的行为。

孩子的种种情商、种种行为模式，都是通过我们一点一滴不断地发掘，不断地确认才能让他学会。

很多家长最大的问题是，一天到晚只看孩子不对的地方，整天对孩子的错误和缺点特别敏感，而对他们做对的事、对他们做得很好的地方、表现出天性的地方，家长却没有感觉。

这些是来自我们原始社会养成的很多坏习惯。原始社会时，我们只对危险感兴趣，乐观的原始人在慢慢进化的路途中都被吃掉了，所以能够活到今天的人都有谨慎的基因。但当下，这种谨慎的基因会影响我们对他人的鼓励。

我们有了意识之后，就想提高自己的能力，而提高自己的能力最快的办法是多读书。读书能解决我们生活中各种各样的困难，能够改变我们的生活，让我们的生活变得更加美好一点儿，不要整天纠结在痛苦之中。

《你就是孩子最好的玩具》是我人生中幸运地读到的一本书，所以我把它推荐给了所有准备当父母或已经当了父母的人。几乎所有人读完这本书，都会觉得非常感激。

有朋友问过我：“这本书适合多大的孩子？”在我看来，即便你的孩子已经20多岁了，这本书也同样有效。随时改变，都有机会让一个家庭变得不同、变得更好。

不吼不叫：
平静的父母更能得到尊重与信任

我们常能看到，一家三口吃饭的时候，孩子不知道为什么突然大声哭起来，嘴里还有食物。这是很危险的一件事，但大人还要呵斥孩子，有时候还会动手打他。这种时候，我总是特别急切地想分享《不吼不叫：如何平静地让孩子与父母合作》。

很多父母都觉得，火上来了以后压抑不住，必须得吼一声。

我看了很多亲子教育的书之后，得出一个自己的结论，孩子在青春期通常会面临两个大问题：第一个问题是成瘾，青春期的孩子特别容易有成瘾性人格，比如抽烟、赌博、吸毒、打游戏停不下来；第二个问题是孩子叛逆，摔门、大喊大叫，做一些过激的事。

成瘾性人格大多来自和父亲的关系不好，叛逆的情绪来自和母亲的关系不好。父亲如果对孩子的关爱不够，或者说父亲特别凶、不讲理，孩子就很有可能有成瘾性人格；母亲太容易焦虑，特别喜欢大喊大叫，孩子就会变暴躁、情绪不稳定。我特别急切地希望大家能够看到这本书，就是怎样用不吼不叫的方法来跟孩子沟通。

《不吼不叫：如何平静地让孩子与父母合作》开篇首先带来的是理解。作者曾在纽约和加利福尼亚的多个医院工作过，参与过多个精神健康项目。她讲到自己大吼大叫时，也很震惊：自己作为一个护士和育儿专家，居然也这样。但是，她慢慢地发现自责或者是自卑于事无补。所以，她提倡从错误中学习。

关于吼叫，“你不是一个人在战斗”。世界上几乎所有的家庭都存在着吼叫的问题。如果你没有的话，你可以观察一下你身边的朋友，一定会有大吼大叫的问题。

吼叫也是有用的，比如，孩子过马路没有看到一辆汽车，这时候，你要喊一声：“小心！”孩子在喂更小的小孩儿吃糖豆，万一卡住气管就非常危险了，要大喊：“不要动！”当孩子面临着危险或者处于紧急关头时，父母的吼叫是能够给孩子带来安全的，那是必须和该吼的时候，因为你能救命。

除了这种情况外，其他的吼叫未必是必要的。

一定要不自责、不羞愧。做过的事就是做过了，承认自己做错了就好了，告诉自己下次会努力做得更好，深深的自责和羞愧会导致一个人没有动力去改进。要懂得接纳自己，不要苛责身边的人，尤其是孩子。

找到外部触发器

吼叫通常都有一个外部触发器，比如：有的人一回到家看到孩子的玩具乱糟糟的，就急了；有的人看到自己的配偶把内衣随便扔，家里乱糟糟的，就急了。我见过有的家长，触发器是孩子的哼唧。只要孩子一哼唧，妈妈立刻就急了，吼孩子：“给我好好说话！”孩子立刻就好好说话了。但实际上，她没有想过孩子为什么会哼哼唧唧的。

家长一定要搞清楚自己的外部触发器是什么，并且针对这些触发器做一些相应的功课，才能够慢慢地远离遇到某一个场景就抓狂的情况。

先找到你的情感触发器，知道接下来你要做的事是什么。

很多人在碰触到触发器后会直接吼叫，是因为他直接掉进了第二步，即不断升级的想法。

比如，当你看到孩子的玩具乱糟糟时，就立刻会想：为什么总是我来收拾玩具？！接着想：除了我之外，谁对这个家都不操心！觉得自己特别委屈、特别痛苦，继续想“我怎么嫁给这么一个人”，最后把孩子叫来骂一顿。

这是你给自己增加了很多烦恼，你让自己的想法不断升级。最后，让自己对整个人生的不如意，借由这么一个触发器，全部迸发出来了。

又如，家里人把内衣乱扔，把家里弄得乱糟糟的，你会立刻想到他们对这个家不负责任，他们根本不爱这个家。说不定他们根本就不想回这个家，能不过就不过了。从地上扔了一件内衣，最后直接上升到干脆别过日子了。

因此，要小心。

怎样改变自己的想法不断升级的习惯？学会把自己的发飙过程慢慢地记录下来。记录和跟踪是一个有效减少吼叫的方法。通过记录大吼大叫的内部触发器、外部触发器与孩子无关的触发器和随时增加新发现的状况来觉知自己。

当你一次一次地记录自己发飙的过程的时候，你发飙的次数就会越来越少。

我们首先得知道自爱。大量的吼叫发生在那些离异的父母身上，因为离异的父母更孤单、更无助，没有人帮他们。一个人扛着整个家庭的责任，压力大到某种情况之下时，他难免会喊一声。

有的父母会缺乏睡眠，尤其是家里有两个孩子，小的那个晚上睡觉本来就很费劲儿，还要喂他吃奶，大的那个还不听话。当一个人缺乏睡眠的时候，是很容易脾气急躁的。

还有就是有人感觉没有自己的时间，一切都被这个家庭占据了。要照顾孩子、照顾老人，要养车、挣钱等，什么时间是我自己的时间？一旦想到这个问题，人们就难以抑制内心的痛苦。

《不吼不叫：如何平静地让孩子与父母合作》一书没有去责怪这些喜欢发飙的父母，没有去责怪这些大吼大叫的爸妈。这本书首先表示理解，让我们知道每个人其实真的都不容易。

当你能够了解、观察和接受自己的时候，才给我们后面的改变带来一些机会。

如果不去了解、观察、记录、改变，你就做不到最后的那一步。

书里有句话让我印象特别深刻："无论是否看见自己，你的孩子始终在观察你。"也就是说，永远有一个摄像机在拍着你，把你的一言一行记录下来，这听起来很吓人，实际上孩子就是这么做的。

有时候，孩子跟你描述的他眼中的那个你，会让你觉得特别吃惊。

书里有一个案例，有一个心理医生，他 9 岁的女儿在早餐的时候扮出一副难看的样子，两腿大大张开，一跳一跳的，嘴里还发出类似怪物的吼声。他问女儿扮演的是什么动物，女儿回答："爸爸早晨就是这样子。"

我们有时候真的习惯了自己在家里所扮演的形象，根本没留意自己在孩子眼中是什么样子，但孩子观察事情的能力比大人要强很多倍。嘟嘟在家玩游戏，他一个人坐着，看一辆用乐高拼起来的大车，看了很久。我问他："玩啥呢？"他说："我在看这辆车。"就一辆车，他能够专注地看 20 分钟。孩子能够发现很多很有意思的细节，我们大人根本没有感觉。

有一天，我在家整理旧书，把它打包卖给需要的人。我对嘟嘟说："嘟嘟，过来一起。"

嘟嘟说："我的书已经卖完了，我没什么书好卖了。"

我说："你陪爸爸一块儿。"

他说："行。"他就坐在我旁边。

这时候，他说："接下来，我要说一句你经常说的话了。"

我说："你要说什么？"

他拿起一个手机玩游戏，同时说："我现在就在陪你。"

听完这句话，我当时就乐了。我说："我什么时候说过这样的话？"

他说："你经常说这样的话。"

我反思了自己，有时候我真的拿着手机坐在他旁边，嘟嘟说："爸爸，你陪我玩。"我说："我正在陪你。"实际上，我正拿着手机在看。

孩子记录得比我们准确得多，孩子就是我们的监视器。父母的一言一行在孩子那儿的反应是被准确地拍下来的，然后被记住，还会被经常回放。

父母的言行在家里的影响是如此重大。

如果父母经常用大吼大叫的方法来教育孩子，孩子就容易注意力不集中，学习遇到障碍，学习成绩差。长大了以后容易焦虑，还容易叛逆。

大吼大叫几乎无助于孩子养成一个良好的习惯。当父母朝孩子大喊大叫的时候，其实孩子根本听不懂他在说什么。

想一想我们小时候被父母吼叫的样子。我们会发现：父母发怒的那一刻，他们的智商是零，孩子的智商也一样是零。孩子彻底呆掉了，脑子里想的唯一的问题就是“会不会打我”“今天很糟糕”。

吼叫背后的心理

吼叫更深层次的主要原因来自哪里?

1. 来自遗传。

比如，爸爸妈妈的父母吼他们，代代相传，爸爸妈妈很自然地就会朝孩子吼叫。

樊登读书的一个书童告诉我，他小时候觉得他妈妈老吼他。他说自己长大了肯定不吼别人，结果当他有了弟弟以后，他就经常吼弟弟。

2. 迁怒于人。

一天中的生活压力、工作压力已经很大了，你把这些怨气发在谁身上，你会觉得安全？所以，找到一个弱者（孩子）来欺负他，冲他大喊大叫。

孔夫子说颜回这个人有两个好处，叫“不迁怒，不贰过”。

“不迁怒，不贰过”是美德，一个人要能够控制自己的怒气，知道迁怒别人只会引起踢猫效应：老板骂主管，主管骂下边的员工，下面的员工回家骂老婆，老婆很生气就骂邮差，邮差出门就踢了猫。猫挠了一个人，挠的人就是早上骂人的老板。

如果每个人都在冲别人不断地发泄怨气，恶性循环就会变得越来越严重。

3. 吼叫和愤怒会导致虐待。

当一个家庭里的吼叫和愤怒变得不可遏制的时候，就会酿成悲剧。有的妈妈以为孩子能考98分，结果孩子考了89分，妈妈就动手把孩子打伤了。还有一个小女孩很小的时候，只是因为不好好吃饭，就被妈妈拿热水烫了。

一个妈妈的愤怒情绪失控的时候，她真的什么事都做得出来。

我亲眼见过很多孩子因为不好好吃饭而被父母揍哭。我们当然知道吃饭的时候孩子哭不但影响他的消化，而且如果食物卡住气管会非常危险，但是就有很多父母在这个时候控制不了自己。

4. 吼叫还跟健康有关。

有的父母自己的身体有问题，健康有问题，精力跟不上，也容易烦躁、发脾气。有时候，解决大吼大叫首先要让自己过上健康的生活。很多爷爷奶奶带孩子容易大吼大叫，其实就是因为他们的精力不够了，跟不上孩子的节奏，只能用喊叫的方法来控制孩子。这对孩子的影响是很大的。

5. 来自愧疚、羞愧的心情。

当看到孩子做了错事以后，父母的内心会产生极度的羞愧。这种羞愧会形成一种力量，似乎吼出来，就不再那么羞愧了。这也是一种父母转移自身压力的方式，但是，让孩子来承受这种压力是不公平的。

想解决吼叫，要先学会戴上气质的眼镜。

我们每个人天生是不一样的，人有不同的气质。有的小孩儿被别人一抱，他就高兴；有的小孩儿无论怎么抱，他都没反应。小孩儿刚出生的时候，护士就发现有的小孩儿哭起来撕心裂肺，小脸涨得通红，这就属于外向型。有的小孩儿哭得很小声，总是不太出声，这属于内向型。

气质的正常范畴是非常宽泛的。很多父母跟孩子之间产生矛盾，其实是父母和孩子之间的气质有很大的差别。

气质被作者分成了九个维度。

第一个是敏感度。我记得嘟嘟小时候相当敏感。为了防止小孩儿磕到头，我家会在床角、桌角放软垫。有一天，床角和桌角的软垫调了一个位置，一岁多的小孩儿嘟嘟不但发现了，还非得恢复原来的样子。那种秩序感的强烈程度，如果打分的话，我给他打满分——五分。

第二个是活动量。有的小孩儿总爱跑，活动量很大，有的小孩儿喜欢坐着，这叫活动量的不同。

第三个是反应强度，就是对外在的打击或者外在事物的反应强度高还是低。

第四个是适应性，就是一个人能不能够很快地适应一个陌生的环境。

第五个是情绪本质，即一个人的情绪本质是乐观的还是悲观的，是内向的还是外向的。

第六个是接近或者回避性。遇到了好玩的东西，这个人是扑过去看还是因为没见过就躲开。

第七个是坚持度，看一个人做事能不能够坚持。

第八个是规律或者节奏。

第九个是注意力分散度，看一个人容不容易被人吸引走，是会集中精力做事，还是会对各种各样的事好奇？这没有好和坏、对和错，不是一定要专注才会成功。有的人好奇心很强，说不定能成为一个很好的商人。

这九个维度决定着人与人的差别。

书里有一个有意思的测评表，可以通过这九组问题给孩子打分，分别是一分到五分。

通过给孩子打分，看看你的孩子到底是处在高敏感度还是低敏感度，是活动量大还是活动量小……做完这个测试以后，再给自己打分，你就能够看到你们家的很多矛盾是怎样产生的了。比如说，我是一个对秩序感不太讲究的人，我们家里乱一点儿我能接受。我儿子就是一个对秩序感要求比较高的人，他就希望一些东西都放得整整齐齐的。

这时候，两个人之间会产生不同。有的人敏感度不高，有的父母说："我没凶他，我就跟他简单地说了两句。我没有发脾气，他怎么吓成那样？"这说明，孩子的敏感度比父母的高。

戴上这个气质的眼镜以后，父母会有一个好处，那就是不再看到一个孩子的表现，就把它上升到听话还是不听话、乖不乖、好带还是不好带。不上升到这个层面，而是知道了这是孩子的什么气质。因为不同的气质，他有不同的样子。

由于气质不同，引发权力斗争怎么办？有一个原则是父母要成为那个定基调的人。父母定了基调之后，要让孩子知道他是有弹性空间的。弹性空间是可以遵从孩子的一些气质的。

比如说，你想让他去洗澡，他想再玩一会儿。给他两个选择，要么现在去洗澡，要么玩 15 分钟后去洗澡。他选一下，说玩 15 分钟再去，这就叫"弹性"。当你给出弹性的时候，孩子跟你不会有权力的争夺，而且你永远都知道是你说了算。

我们跟孩子之间永远不是敌我矛盾，也不是要进行权力争夺的关系，而是要相互尊重对方气质的关系。

日常戒吼策略

减少吼叫的日常策略如下：

第一步，要追踪和记录你的吼叫。

这种追踪和记录是有效地降低吼叫频率的一个办法。我们很多人没有这个习惯，连记录都没有。如果你不想记录，只是提醒自己今天又吼叫了，有感知，其实就很不错了。

第二步，建立自我同情。

建立自我同情不是给自己找借口。很多人建立同情的办法是“我是被逼的，我今天这样骂他，是因为他把我逼急了，要不是我的生活这么艰难，我也不至于这样”，这是找借口。当你找了借口，下次还会这样吼。

建立自我同情是理解自己，前提是承认自己错了。比如：“我今天又对孩子吼叫了，这样做是不对的。我的压力可能太大了，我现在需要放松一下。”你需要找到改进的路径，而不是找到一个让自己发脾气的借口。

这两者之间的区别是：前者是找到一个发脾气的借口，可以没有任何行动；而后者是找到了自己发脾气的原因，这就有了行动的方向，知道下一步怎么做。

当你准备吼叫的时候，真的有一股火从后脑勺冲上来，眼看就要发飙的时候，给大家提供专业对治吼叫的 ABCDE 方法。

A 叫作“Ask”。

自问是什么触发了自己生气，找到触发的扳机，问自己在想些什么，想法是怎样不断延伸出来的。当你能够进行自问的时候，就开始冷静了。

B 叫作“Breath”。

呼吸，先让自己深呼吸一下，再自问，然后接着深呼吸。

C 叫作“Calm yourself”。

就是让你自己平静。

D 叫作“Decide what your child needs”。

确定孩子需要些什么，看孩子需要的是理解和关爱，还是需要帮他解决问题。

E 叫作“Empathize”。

用同理心的方式来沟通。

我们要用 4C 法则管教孩子。

1. 沟通（Communication）

很多家长做不好，比如说：“你给我老实一点儿。”“你乖一点儿，要听话。”这几句指示都是含糊的，只是一种大方向，一种感觉。所以，沟通的时候，家长的表达要简短、具体和简单，比如说“不要打妹妹”“现在不能吃东西”“去洗洗手”。如果孩子不照做，你可以解释并且示范他应该怎么做。

使用鼓励性的言辞，要多发挥“我”和“你”这两个词的力量，比如说“你要去做什么”或者“我要求你如何”，把话说清楚。

2. 选择（Choices）

父母给孩子选项，让他做选择。但是，有时候给的到底是不是选择？比如说，在游乐场里，希望孩子回家，孩子不走。这时候，你说：“给你两个选择，要么现在跟我走，要么我自己走。”

这是选择吗？不是。第二个选择是妈妈自己走了，把孩子扔在游乐场，这是不可能的，这是威胁！

给孩子选择的时候，你要真的给他选项。比如说：“现在可以跟妈妈一块儿回家，或者咱们去那儿吃个冰激凌，再一块儿回家，你觉得好不好？”

这是两个选择：第一个选择是现在就离开这个游乐场，回家；第二个选择是现在去吃冰激凌，再回家。这才叫“让孩子选择”。

又如，你对孩子说：“现在，你可以去洗澡，或者你把这集电视剧看完，咱们就去洗澡。”

这是你真心给孩子两个选择，而不是说“要么现在洗澡，要么一辈子都别洗”。

我们在生活中经常会用威胁来代替选择，孩子会觉得很痛苦，他能够感觉到那种被迫的压力。

当父母威胁他要离开或者不理他的时候，孩子是最痛苦的，所以请给出真正的选项。

还有就是不要随便说“行吗”“好吗”。比如说，一件事不需要跟孩子商量，那就不要再说“我们10分钟以后关电视，行吗”。

当“行吗”一说出来，孩子就跟你讨论“我再看一集，好吗？我待会儿再关，这集好久都没看过了”，他磨磨蹭蹭，你又会觉得不高兴。

你可以很坚定地告诉他：“还可以再看10分钟，10分钟后关电视。”把“行吗”去掉。

当你没有给对方选择空间的时候，就不要随便去征求对方的意见。因为你是监护人，你是定基调的人，不要拖泥带水。

3. 结果 (Consequences)

父母要根据孩子的需要和所处的发展阶段来调整规划和结果，要跟孩子一块儿回顾上次做的决定，后来的结果怎么样。

要让孩子对他的行为负责，要让孩子知道，如果这件事这样做了，会产生一个什么样的后果。

4. 联结 (Connection)

这一条会被很多家长忽略。

联结就是你要跟孩子创造一对一的时间。即便你家里有好几个孩子，妈妈仍然需要跟某一个孩子经常独处，这样能够让孩子感受到妈妈给他的爱。一对一的联结，并不是父母一起，而是妈妈一个人或者父亲单独面对孩子。

家长有时候化解孩子的大喊大叫，只需要关注一下就好了。有两个孩子在该睡觉的时候不睡，妈妈往常的方式是吼，让孩子“快点儿去睡觉”，可他们俩偏哈哈大笑，玩得更厉害。

妈妈换个关注的方法，坐在旁边看他们玩。两个孩子一看到妈妈没吼，也很高兴，钻到妈妈怀里，和妈妈开心地聊起来。妈妈可以很耐心地看他们三分钟。这三分钟对孩子很重要，妈妈看他们怎么玩是一件多么美好的事。

孩子经常会做很多很奇怪的事，其实就是为了获得父母的关注。所以，当妈妈能够关注他们三分钟时，他们已经觉得很幸福了。

这时候，妈妈用非常坚定而柔和的声音说：“好吧！再玩五分钟，咱们就去睡觉！”两个孩子很听话地结束了玩耍之后去睡觉。

这就是建立联结的力量。当你让孩子感受到你和他之间的关注是一对一的联结的时候，孩子爱你，他才会喜欢听你的话，这才是人和人之间的根本。

作者提醒所有的家长，不要跟孩子记仇。很多人觉得这一点很好笑，说父母怎么会跟孩子记仇？实际上，父母经常跟孩子记仇。孩子一件事做得不好，父母翻脸了。翻脸了以后，父母不打了，也不骂了，而是不理孩子，一直不理他。这种负面情绪可能会伴随孩子一生。

书里有一个案例，一个 12 岁的男孩本来和爸爸说好了周六清理地下室。可是，爸爸需要儿子帮忙的时候，男孩和朋友出去玩了。爸爸打电话发了火。后来，男孩回到家，整个下午和爸爸一起干活，两个人却没有对对方说一个字。

男孩一开始很内疚，后来他爸爸一直不理他，他就从内疚变成了愤怒，从愤怒变成了失望。

很多父母真的会跟孩子较劲儿。我经常在马路上见到孩子抱着妈妈说“妈妈我错了，我再也不敢了”。当妈妈用冷暴力的方法处理的时候，孩子会特别黏妈妈。妈妈对他越冷，他越喜欢过来抱着妈妈的大腿。

孩子感觉到被排斥的时候，会极度渴望得到妈妈的拥抱。这时，妈妈如果不抱他，就是跟孩子赌气。

我们作为大人，我们是大的，孩子是小的，不要跟孩子赌气。在该原谅的时候要原谅，在该给台阶的时候要给孩子台阶下。

吼叫之后的补救

如果家长已经吼叫了，怎么办？要学会真诚地道歉。

“妈妈打你也不是故意的，妈妈打你也是为了你好。要不是你把那件事做得那么糟糕，妈妈也不会打你。”这不是真诚地道歉，这是在推卸责任，也是在找借口说“要不是你做错了，妈妈就不会打你”。这对孩子没有用，对想让自己发生改变也没有用。

真诚地道歉有三个要素：

第一个是后悔。表达自己的后悔，说：“妈妈昨天打了你，觉得特别后悔。”

第二个是你要表示出自己所承担的责任，可以说：“妈妈错了，不应该打你，是妈妈的修养不够，妈妈觉得很内疚。”

第三个是你要给出一个补救的措施，可以说：“下次再遇到这样的情况，妈妈承诺不会再打你了。为了补救，妈妈陪你一块儿到公园去玩一会儿。”提出一个补救的方案，或者允许孩子带朋友到家里聚会，这是补救。

有这三个层面，才叫作“真诚地道歉”。

真诚地道歉之后，你还可以注意提前计划。

孩子有不同的气质，你以前发飙是因为你没有注意到孩子的气质。当你发现孩子有不同的气质后，你可以根据他的气质做一下设计和规划，调整一下一起做事的节奏。

定期开家庭会议是增进亲密感的好方式，以下几个细节值得注意。

跟在公司开会差不多，先要定下会议的议题、具体的时间、谁会参加会议。

最好玩的是你可以把会议通知贴在家里的墙上，比如通知今天晚上七点，我们将召开家庭会议，参会的人有爸爸、妈妈、哥哥、姐姐、弟弟，会议的议题如下……

会议中设计有意思的环节，每个人都要先说出别人的优点，要表扬别人。爸爸今天做得好的地方有哪些？弟弟做得好的地方是什么？每个人都表扬别人，这是一个很好的增强互动的过程。

还可以真诚地提出对对方的意见，用到“发言权杖”。用一根筷子，谁拿到这个筷子谁说话，不必争抢，说完以后把筷子给下一个人。这样井然有序地说出对别人的意见和建议就好了。

最后针对一些共同的问题进行讨论。比如，针对一件事情，大家各自发表意见，商量下一次该怎么应对。这种会议很容易促进整个家庭的和谐。家长带着孩子一块儿来解决这个问题，而不是一个大人随便告诉他们一个答案，这也是培养孩子社会能力的过程。

书中还推荐使用定时器，很多孩子喜欢有秩序感和有特殊规则的东西。

比如，两个孩子在打架，你可以拿一个定时器过去说：“10分钟之后，你们俩要能够妥善地解决这个问题。如果到10分钟没解决好，两个人要面对一个共同的惩罚。”

两个小孩儿就会在10分钟之内努力地想怎样能够解决。

又如，孩子哭，你上定时器，允许他哭五分钟。

用定时器的方法能够有效地调动孩子的游戏感，他会感受在这么一点点的时间之内，自己依然是可以选择的。

书中提供了代替吼叫的丰富策略。

第一招是运用表格和日历。

孩子们喜欢有规律、有规划的生活。嘟嘟自己在墙上画了一个日历，记录自己某一天要干什么。让我感动的是，他在一个大的日历上把全家人的生日全部都标注了出来，他特别在乎每一个人。当然，他还会把考试的时间标注出来，把复习的时间标注出来。

第二招是学会放低声音。

家里说话的声音越低的那个人越有权威。我爸爸声音虽然很低，但他很有威严感。我小时候就感受到他说一句话，我立即就会全神贯注地听。

第三招就是利用幽默和创意。

我觉得大人很值得培养一下幽默感。

看到很小的孩子犯错，我认为如果你真的是一个大人的话，你就能从中看出幽默感来，会觉得好好玩。

可是，你为什么会发飙？因为你也是个孩子，你根本没有成为一个大人，才会觉得“气死了，他在跟我对着干”。

其实，孩子怎么会跟你对着干呢？不要把孩子变成自己的敌人。孩子是自己的盟友，而且是给自己提供特别多欢乐的盟友，这是多么愉快的一种关系。

当我们跟孩子较真时，我们就把孩子当大人了，就没办法调动幽默感了。

第四招是数数。

不是说“我数三声，不起来我就揍你”，而是要说“我们一块儿来数个数，数到五，咱们大家就开心，好吗？一、二、三、四、五。”

用数数的方法帮孩子走出一些困境。

第五招是静候结果。

你可以静静地看这件事的结果会怎样，孩子希望得到你的关注，他犯错后也会担心妈妈发飙。当孩子发现妈妈没有生气，只是静静地看着他，他就冷静了，慢慢地也会意识到自己错在哪儿了。

第六招是再来一次。

比如，孩子说话冒犯了你，你说："你刚刚这样说话不够礼貌，来重说一次，给你个机会。"

孩子会珍惜这个机会，他知道爸爸妈妈很重视自己是怎样跟他们说话的，他就可以再来一次了。

最后一招是带着孩子一起想办法。

当家庭遇到了这样的困境时，大家一块儿想办法，说："来，看看谁能够让大家开心起来？""你们俩现在都不高兴？好，想想办法，怎样让大家都高兴起来？"

我们可以看到，有这么多种方法可以减少吼叫，只是需要我们赶紧去实践。

让我们想象这样一个场景：如果你的朋友像你的孩子或者像你一样出现了这样的问题，你会怎么做？

我们经常对待自己和对待孩子太过苛刻，而对待陌生人，我们有很多的包容心、爱心，甚至"宝宝别哭"这么耐心的话都很自然地说出来了。我们把宽容和耐心同样用在家人身上，这个世界才会真的美好起来。

尤其是有的家里有特殊儿童，比如说孩子有智力障碍或者沟通障碍等，的确会让家长更加疲劳，但越是对这样的孩子，越应该有足够的耐心。否则的话，无助于他的康复和他突破自己的障碍。

这本书后记的主题是：世界的和平始于家庭。我很认同这个观点，因为这个世界上有恐怖分子，他们的成长环境糟到不可想象，他们活在一个每天宣扬仇恨的家庭，身边的人欺压别人、打仗，靠暴力来获得优势……长大之后，他们只会仇恨世界，迷信暴力。我们如果努力把自己的家庭经营得更好，世界就会更加和平了。每个人的一吼一叫都和世界和平相关。愿我们都能够尽快学会不吼不叫，也能做让孩子跟自己平静合作的好父母。

如何说 孩子才会听 怎么听 孩子才肯说：沟通密码

《如何说 孩子才会听 怎么听 孩子才肯说》问世30多年了，现在依然是一本畅销书。这本书的两位作者都是三个孩子的母亲，而且都被收录于美国名人录。

全球已有20多万个亲子团队把这本书作为家长培训的教材，这本教材也被翻译成了30多种文字。

我们跟孩子的沟通存在五个常见的情景：

第一是关于感受的部分。当孩子跟我们讲述他的感受时，我们该怎样回应。

第二是关于寻求合作，怎样让孩子能够跟大人合作。

第三是怎样能够代替对孩子的惩罚，改变很多人习惯的暴力方式。

第四是关于怎样赞赏。有的孩子不喜欢父母表扬他，被表扬了以后，他根本就不高兴，他的表现反倒更糟糕了。

第五是家长如何面对自己的愤怒。当愤怒出现的时候，家长要有自我应对之法。

以上五种状况每个人都会遇到，书中还有一些问答的环节，让我们很轻松就能学到办法。

理解孩子的感受

我们常常没有做到理解孩子的感受。

第一种误区是忽略。比如，孩子说："爸爸，我小兔子的耳朵断了，我很难过。"当孩子讲这些话的时候，爸爸的回应可能是："没关系，反正只是一只小兔子，不要紧，爸爸再给你买一只。"

忽略孩子的感受，会使得孩子不愿意跟父母沟通。他觉得反正爸爸总是无所谓，也不能理解他。

有一次，嘟嘟自己画游戏，他画得很认真，我说了一句"这有什么好玩的"。当我表达出来不知道为什么好玩的时候，他特别失望，说："我觉得这很好玩，这是要用想象力玩的游戏。"

很多事，在大人看来真的不值一提，但对孩子来讲，真的是很重要的事情。他会哭、会难过、会觉得被忽略了，包括我们还容易说的"不要紧，没关系，这有什么了不起的""你看你怎么这么小气"这样的话。这些都是对孩子感受的忽略。

第二种误区是给建议。孩子在学校时，老师批评了他，他觉得受了委屈、不高兴，大人却在孩子不需要给他建议的时候说："你主动跟老师谈一谈不行吗？主动去解决这个问题。"当你说这种话的时候，你说得对，但是没用！

这种话会让孩子觉得两头受气，在学校里被老师"欺负"了，回到家跟你说，你还照样说他不对。那以后回家，他就不会再讲了。这种给建议，无助于沟通。

想正确地沟通，就要做到以下几点：

第一是倾听。当你能够耐下心来听，说一些“嗯”“哎哟”“真是”，有时候，几个词就够了。

第二是说出孩子的感受。当孩子说他的兔子的耳朵断了时，你可以说：“我知道兔子的耳朵断了让你觉得很难过。你很喜欢这只兔子，它的耳朵断了真的好可惜。”这就是说出孩子的感受。当你说出这样的话时，孩子自然就会点头，愿意继续跟你聊下去，甚至他对兔子耳朵这件事本身已经不太在乎了，因为大人已经理解他了。

有一次，嘟嘟在楼下踢足球，还有一个小朋友跟他一起踢，我主动提出陪他们一起踢足球。当然，我比他们踢得好一点儿，我会控球、射门。

我觉得很愉快，可踢了一会儿，嘟嘟就哭了，他说：“我再也不跟你踢足球了。你还是让我自己玩吧。”

那时候，他已经上一年级了。我当时就觉得好笑，说：“爸爸陪你玩，咱们是在锻炼，跟爸爸这样强大的对手踢球，你不是能够进步吗？”

我是站在大人的角度在说服孩子，告诉他不要在乎这件事，大家锻炼锻炼玩一下，输赢没关系，况且爸爸的时间很难得。

但这并没有做到倾听，他更加愤怒、更加生气，哭得更伤心了。

这时候，我突然想到，我犯错了，我忽略了孩子的感受。我在碾轧他俩，他俩根本就踢不过我。

我赶紧蹲下来对他说：“是不是因为爸爸的介入让你们没法踢得很愉快？”

这就是找到他的感受。

他说：“对，就是。”

我说：“你是不是希望你们俩能够更多地踢球？”

他说：“我俩就没踢到过球，全被您踢了，我俩也赢不了。”

他俩本来踢球的玩法非常简单，就是两个人面对面，你朝我的门里踢，我朝你的门里踢，但他们俩玩得很开心，时常哈哈大笑。

所以，大人不能用自己的行为来替代孩子，不能用自己的判断来替代孩子的感觉。

当我说出并尊重了孩子的感受，嘟嘟马上就好了，还和我约定：“爸爸，以后咱们玩的时候，你要尊重我们，允许我们用自己的方法。”

我说：“可以，这没问题。”这就是双方的沟通。最后，嘟嘟踢完球和我回家的时候是高高兴兴的。

第三是你可以尝试着用一种幻想的方式来对话。

孩子会非常感谢你的这种做法。还是以兔子玩偶的耳朵断了为例，孩子说：“我兔子的耳朵断了，我很难过。”

幻想的方式是说：“我敢担保，如果你是一个魔术师的话，一定会把它的耳朵给变出来。”或者说：“如果你有法力的话，你一定会让兔子的耳朵‘噌’的一下长出来。”孩子是愿意幻想的，他哈哈大笑的时候，就说明他已经知道爸爸妈妈是理解自己的。

大人在制止孩子的时候，也要能够理解他的感受。

孩子喜欢拿着瓶子对嘴喝饮料，父母会觉得这样不雅观、不卫生。这时候，如果说“真难看，放下，没教养”，孩子是不舒服的。他潜意识里会觉得这件事很有意思，如果大人不在，他一定会继续这么做，因为越禁忌的事，他会越有兴趣。

如果你制止他的时候说："我知道对着瓶子喝水很痛快，但是爸爸担心这样做会滋生很多细菌，还会传染疾病。而且，这样做也不雅观，所以不要这样做。"先去认同他的感受，理解他急于喝到饮料的心情或者渴望很痛快的感觉，再告诉他这样做的危险是什么，所以提议倒到杯子里喝，孩子就很容易配合。

我们来学习以下例子：

孩子很焦虑，明天要参加数学期末考试了。父母有三种说法。第一种说法："放轻松，我相信你能考好。"这句话是没用的。第二种说法："你要是早点儿花时间学习，现在就不用发愁了。"讽刺、挖苦更没用。第三种说法："你看上去很发愁，我打赌你肯定希望现在考试已经结束，而且你已经通过了。"只要说出这样的话，不用帮孩子解决这个问题，他就已经放松了。

孩子正在玩贵重的珍珠项链，父母有三种说法。第一种说法："我跟你讲过很多次了，不要动我的首饰，你真是一个不听话的孩子。"这句话完全忽略他的感受。第二种说法："不要玩妈妈的珍珠项链，小心弄坏。"这是否定孩子。第三种说法："你很喜欢我的项链，问题是它们很容易弄断了，所以来玩这些木头串珠或者围巾吧。"这是理解了孩子的感受，并且提出了新的代替方案，是正确的方法。

孩子用手抓意大利面，父母有三种说法。第一种说法："你的用餐习惯太丢脸了。"这是指责。第二种说法："我简直不敢相信，你这么大了竟然还拿手抓东西吃。"这也是凭空给孩子带来压力的话。第三种说法："我知道用手吃东西一定感觉很棒，但全家一起吃饭的时候，我希望你用叉子吃。"这是你先理解他的感受，再告诉他为什么这样做是不对的。

孩子很生气地说："我要离家出走。"父母有三种方法。第一种说法："好，走吧，我帮你打包。"这是错误的方法。第二种说法："别犯傻了，我不想听到这样的话。"这种话没能感受到孩子的心。第三种说法："你看起来很不开心，我敢打赌，你肯定希望好多事跟现在大不一样。"当你讲出这样的话时，孩子才会愿意跟你说他为什么不高兴，你就能和他一步一步地展开聊天了，这就是孩子愿意沟通的契机。

让孩子与你合作

关于寻求合作，我们平时的误区是想让孩子听话，有四种常见的误区：指责、辱骂、威胁和命令。这些方式只会让孩子在当下配合你一下，他内心是抗拒的。叛逆起来还有可能连当下都不配合你，会故意跟你捣乱，因为他的情绪无法安置。

正确的方法是：

第一是讲到一个词。比如，孩子把香蕉皮掉在地上了，父母不需要发表长篇大论，只需要很坚定地说一个词——香蕉皮，他就知道是什么意思了。孩子怕听到的是："你怎么没有公德，你看这多危险。"

第二个是描述你所看到的东西。比如说："我看到厨房的地上扔着一个香蕉皮，没有人管它。我希望你能够把它收拾了，因为有人踩上可能会滑倒，有可能会把人摔伤。"

第三个是给提示的办法。比如说："踩到香蕉皮很容易滑倒，应该放到垃圾桶里。"从正面的角度来告诉他这件事应该怎么做。

第四个是提供一个选择。比如说："你可以把香蕉皮扔到厨房的垃圾袋里，或者扔到外面的垃圾桶里。"让他选择其中一个。

第五个是描述自己的感受。比如说："我看到厨房的地上有一个香蕉皮，我觉得很不高兴。"正确表达自己的感受。

第六个是你给孩子写一个便条。因为孩子喜欢父母给他留言，你用写便条的方法，孩子会更容易重视这件事情。

以上是寻求合作时的好方法。

我们举例子来理解一下。

孩子在你不希望他画画的地方画画。

父母说："如果再让我看到你在客厅里画画，我就把它们都扔了！"我其实最听不得这样的话，类似的还有："你要再不收拾，我把玩具全扔了。"

说这样话的父母觉得很有用，但扔一次他的东西，会给他的心灵造成很大的伤害。我们不该用威胁的方法来解决这个问题。

还有的父母说："你是怎么回事？知道除掉地毯上的颜料有多么麻烦吗？"这种指责也没法让孩子改变。

你可以告诉他："在客厅画画会弄脏地毯，你可以在厨房或者自己的房间画，你自己做决定。"这就是给孩子提供一个选择，让孩子更容易配合你。

孩子跟你抱怨："妈妈，你今天答应带我去买玩具的。你答应过，你又不去。"

孩子有了抱怨的情绪，这很正常。如果父母说"别抱怨""现在不要烦我，过一会儿再说”，就是忽略了孩子的感受，并且没有给他提出具体的要求。

你可以告诉他：“我希望你这样跟我说——妈妈今天可不可以带我去买玩具。”

这种语言模式是需要我们教给孩子的。

嘟嘟半夜起来想喝水的时候，他会说：“爸爸，能不能麻烦你帮我倒杯水？”

一个孩子说这样的话，父母的心都融化掉了。所以，我立刻说：“没问题。”再困我都能立即去给他倒水。

在他很小的时候，我们就教过他跟大人说话不能用命令或者抱怨的语气，要学会用商量的语气。因为抱怨的语气大人听了也不高兴，商量代表着尊重。

孩子忘记给花浇水了，花枯了。

这时候，如果说“我下次再给你买花，给你买个塑料的”，这是用回避的方式在指责孩子。如果说：“你求我给你买那盆花，你现在让它自生自灭，是吗？”这是讽刺、挖苦。

正确的说法：“你新买的花正在掉叶子。”告诉他一个事实。

描述事实，给提示，提供不同的选择，描述自己的感受，写便条，这些方法都是让孩子寻求合作的沟通方式和方法。

书里有不少练习题，我们可以与正确的答案一起比较和学习。

关于惩罚和奖赏

关于惩罚，很多父母会用体罚的方法，或者取消孩子看电视的资格。

用这样的方法对待孩子，孩子通常会产生三种状况。

第一种状况：他的内心抵触情绪很大，对家长有很强的报复心理。甚至极端的案例是孩子伤害了父母，就是孩子内心的恨意无法控制。

第二种状况：孩子心想以后就尽量别被父母抓到。我小时候就是这样，父母要求我不要做什么的时候，我不反抗，下次我就聪明一点儿，尽量不让父母知道。

第三种状况：孩子看起来很乖，但实际上受到的伤害很大。他会进行自我攻击——“我真是活该，谁让我做了这么倒霉的事”。他对自我的评价不断降低。当一个孩子对自我的评价不断降低，出现自卑情绪时，他成功和幸福的可能性都降低了。

所以，不要轻易用惩罚的方式来对待孩子。在《你就是孩子最好的玩具》里曾经提到过，惩罚有两种，一种叫“直接后果”，一种叫“间接后果”。

最要命的是间接后果。比如说，孩子打碎了一个瓶子，家长说不许看电视，可看电视和打碎瓶子之间没有必然联系。所以，当家长用这样的方法惩罚他的时候，家长让他学会的只是暴力手段。以后，他跟别人沟通的时候，就容易产生：你这件事不同意，那我在另外的事情上欺负你。这是因为父母用不讲理的方法跟孩子沟通，孩子就学会了跟别人用不讲理的方法沟通，他的人生将会困难重重。

更好的惩罚方法是什么？

首先要理解和倾听他的感受。比如，老师说孩子上课跟人打架。有的家长从学校回来就劈头盖脸地把孩子训一顿，甚至先揍一顿再说。

正确的方法是倾听，并且回应：“听说这件事后，我很担心，我想知道发生了什么情况。”

孩子说："他把我气得要命。"

孩子说自己气得要命的时候，家长应该如何回应？根据上文，我们学到了关于"理解孩子的感受"这部分知识。家长不要说："你怎么那么容易生气？你要跟同学和平相处。"

家长要说的是："一定是把你气坏了，你才会跟他打架，对吗？"然后鼓励孩子讲出事情的原委。

孩子讲的过程中，有一个原则很重要，就是不要评论。只有家长不评论孩子，才能够鼓励孩子不断地表达。如果家长忍不住说"你也太小心眼了，这有什么了不起的"，孩子的话就会打住了。

孩子把打架的经过讲出来后，家长可以总结一下："我知道了，他随便翻你的东西，事先还不和你打招呼，所以让你变得很生气，你就跟他打了一架，对吗？"

孩子讲完之后，家长能准确地总结出来，孩子会觉得非常愉快，因为这代表着尊重。这时候，家长可以说出自己的感受："我听到你跟他打架，我真的吓了一跳。我特别害怕你和同学做出互相伤害的行为来，你能理解妈妈的担心吗？"

讲完自己的感受之后，再让孩子知道妈妈对这件事是担心的，是不赞成的，最后一起来做解决方案。

嘟嘟上学的时候，班里有个很强壮的孩子是嘟嘟的好朋友。但是，嘟嘟回家的时候，有时手上会带着伤，因为孩子间的打闹是容易没轻没重的。有一天，嘟嘟说上体育课的时候，这个同学坐在了他身上，嘟嘟的腰非常疼。我家的老人和保姆很担心、很心疼，也很生气，打算去找人家理论。

我就和嘟嘟聊天，问他到底是什么情况。嘟嘟讲了全过程。讲的过程中，我没有给建议，因为只要给出评判，嘟嘟都会说不对、不是、没有。

我的办法就是倾听。听完了之后，我问他：“这事应该怎么办？你有什么想法？”他说：“没办法，就这样吧。”

我说：“那你想不想解决这个问题？因为爸爸不希望你被伤害，你也不希望自己上学的时候被伤害，我们有什么办法能够解决这个问题吗？”

我问他：“你能不能不跟他玩，离他远一点儿？”

嘟嘟说：“不行，我们俩还挺喜欢在一块儿玩的。”

我说：“如果是这样的情况，你觉得应该怎么办？”

他努力地想，然后说：“如果我们能够集中精力干一些别的事，我们就会好一些。”

结果就是，他们后来发明了一套游戏。因为学校不允许带手机，他们就设计在纸上画游戏的方法来攒积分打怪。他们越来越愉快，不但不打架了，还成了联盟里的好朋友。

孩子其实是可以解决问题的，当家长邀请孩子一起解决问题的时候，家长把所有的方案（包括孩子提出的离谱的方案）都写下来和他讨论。当孩子发现再离谱的建议都能被写下来时，他会觉得这是个非常有意思的游戏。

我给成年人讲课也是如此。有一次，我要求大家讨论“一根皮带在荒岛上到底有什么用”。有一个学员说把它扔到河里听个响，其他的学员就笑，准备批评他。我说“很好，把它写下来”。当这么奇怪的一个想法都能够被写下来时，很多人就愿意更积极地贡献想法了。

所以，我们鼓励孩子，和他们就会有很多的互动，写下很多的想法，再在所有的想法中选择怎样做能够解决问题。

关于正确赞赏孩子的方式，可以使用“二级反馈”的方法。二级反馈就是在别人做对事时你要说“谢谢”，并且说为什么。

一级反馈仅仅是表扬对方，没法使对方更有动力前进。很多孩子不喜欢听父母的表扬。书里有一个案例：孩子投篮投了半天，终于投进去了。爸爸就说：“太棒了，了不起！”孩子反倒把篮球一丢，不玩了。

老爸想：怎么夸两句反倒不爱玩了？

青春期的孩子身上经常会出现这样的情况：你一夸他，他就不做了。原因是这种评价似的赞赏会给孩子带来巨大的压力。

评价式的赞赏有这样的词：“孩子你真棒”“孩子你真了不起，你真是与众不同”“你太棒了”。孩子听了之后，觉得既然都已经这么好了，干吗还要做？再做，剩下的就都是挫折了。

二级反馈是你一定要描述出你所看到的东西。爸爸说：“我看到你一直在练习投篮，并且最后能够投进去，连着投中了三个球。我觉得你真的是进步了。”

我就是用这样的方法跟嘟嘟沟通的，来帮助他获得一个又一个正确的行为词语。他知道一个词的意思是什么，也知道为什么要这样做，学会并乐于去做这些正确的事。

有一次，嘟嘟掉了一颗牙。嘟嘟的奶奶就在微信上问：“宝贝疼不疼，要不要紧？真是受苦。”嘟嘟赶紧给奶奶回了语音，很淡定地说“没事儿，这是所有人都会经历的”。

孩子淡定的时候，爸爸应该做什么？

我说：“嘟嘟，你今天的回应真的很淡定。”用一个词来概括他的行为，孩子会理解原来淡定是这么回事。

嘟嘟在对别人表现出耐心的时候，我会说：“你今天跟小朋友相处愉快，因为你今天表现出了耐心。”

有一次，一位教育学的教授跟嘟嘟聊天，他蹲下来直视孩子的眼睛跟孩子说话。

嘟嘟发现这个大教授这样跟自己说话，也就蹲了下来，还跟教授握着手说话。

教授说：“我没见过一个小孩儿会自己蹲下来跟我说话。”

嘟嘟觉得自己站着不礼貌。教授很感动，说这孩子特别有礼貌、懂事，也夸了他。

回来之后，我就对嘟嘟说：“你今天这个行为爸爸挺高兴的，因为你能够体会到礼貌，你照顾了别人的情绪。你蹲下来为了和别人平视，我觉得很好。”

让孩子知道他具体好在哪里，这种赞扬对孩子来说非常有用。孩子会特别乐于跟别人说“我是一个有礼貌的人”“我是一个有耐心的人”“我愿意做一个有自控力的人”。

在我家墙上，嘟嘟贴了一些东西，我们没有任何人要求他写日程表。有一天，我出差回家，发现二年级的嘟嘟自己写了一个日程表，写着每天三点半放学一直到晚上八点半睡觉之前这段时间怎样安排。

他严格按照日程表来执行，有看电视的时间，有写作业的时间，有玩游戏的时间。有的家长会要求孩子必须一回家就把作业写完。我倒不这么认为，我认为应该让孩子自己来掌握这个节奏。嘟嘟愿意自己掌握节奏。他既然从来没有落下作业，何必非得让孩子一定要按照大人的节奏来生活呢?

用情感引导的方法赞赏孩子，难点在于有时候父母的眼中总是看到孩子的缺点。

我们对孩子的缺点很敏感，对优点反而马马虎虎放过去了。

我想提醒大家，即便孩子做了一些让你不那么满意的事，你也可以学会从中寻找孩子一些进步的地方。当你能够做到这一点的时候，孩子也会变得更加阳光和开心。

孩子总有可能做得不到位。比如，孩子早起上学，还是晚了，但是他有没有努力?如果他努力的话，你就告诉他："爸爸今天看到你已经很努力了。今天，咱们早起、吃饭、穿鞋，离开家的时间比昨天已经提前了10分钟。你已经真的在进步了，相信你肯定会做得更好。"这就是看到了孩子进步的部分。

当家长能够有这样一个心态去发现孩子的优点时，你就能发现孩子也会这样做。嘟嘟的奶奶有一次说："我现在老了，很多反应都不快了，没有年轻人反应得那么快了。奶奶很多事连你都不如，你都可以给奶奶上课了。"嘟嘟说："奶奶，你的生活经验可比我丰富得多，你在很多方面都比我们强。"

当孩子能够发现别人身上的优点时，证明家长之前善于发现孩子身上的优点。

处理愤怒的方法

愤怒是亲子沟通中的一个难点，最理想的状态是平和的教育。就是父母能够永远保持平和，遇到什么事都不生气，跟孩子好好谈。但是，这很难做到，有时候真的会急。

如果你真的急了，该怎么办？真的已经发飙了，该怎么办？

这本书给了实用的一招，当然也是应急的招，特别逗，叫“快去逃命”。

有一个妈妈说“我真的气得不得了了”，儿童心理学家汉姆·吉诺特博士告诉她，在这种时候，你可以这样说：“我非常生气，非常非常生气，我要打人了！……所以，快跑！快去逃命！”

孩子一溜烟跑掉了。过了一会儿，孩子把头伸过来说：“妈妈，我现在可以回来了吗？”

妈妈说：“还不行，我还在生气，除非你想出办法，不要让妹妹再哭！”

孩子赶紧去哄他妹妹开心，在家里扮小丑，蹦蹦跳跳地让妹妹高兴。两个孩子很快地就玩在一块儿了，妈妈自然就不生气了。

在你愤怒的时候，你可以比较严厉，因为你生气了。你可以用一些词来表达，比如说“音量”“我的耳朵”“小心”。

明确地说出你自己不喜欢的东西，比如“我特别不喜欢你在餐桌上随便丢东西”“你拿食物乱扔别人，非常不礼貌”“我希望你有点儿餐桌礼仪”“好好吃饭”“不要拿食物玩耍”，你可以提出这样的要求。

如果有一种状况使你真的脾气爆发了，你揍了孩子，真的大喊大叫了，那么弥补的方法是这件事过去三五天后，你的情绪好转了，可以很认真地把孩子叫过来，说：“我想跟你谈一谈上个星期咱们在公园里发生的那件事。”

孩子可能敏感，不愿意谈，你可以说：“妈妈现在想起来也很后悔，妈妈不应该在那儿大喊大叫，我那样做是不对的。”当你开始讨论这件事情的时候，孩子的情绪马上就软化了。

这时候可以说：“咱们能不能想一个办法，以后尽量少发生这样的事，你有什么建议吗？”通过邀请孩子一块儿来商量和解决问题的方法来抚平孩子的伤口，尽可能减少伤口对孩子造成的伤害，有时候反倒能够让你和孩子建立更好的联结。

我爱人小时候很顽皮，有时候会被她爸爸揍，但她印象最深刻的场景是她爸爸给她涂药膏。爸爸说：“我打你，爸爸也很难过。”当然，能够不打是最好的，因为打的时候，孩子受到的惊恐的伤害一定是存在的。

分享这样一个原理给大家：孩子犯错误的时候，是和孩子建立情感交流的机会；孩子做对事的时候，是塑造孩子行为的机会。

这本书有一部分内容是家长问答，值得分享。

比如说，有一个孩子总是对家长说“不”，孩子 2 岁多，让他穿袜子就是一场战斗，应该怎么办?

作者认为跟一个 2 岁的孩子斗争是没有任何胜利可言的，战胜他了，也无所谓胜负。既然你改变不了他的思维，那就可以改变他的情绪。可以用有趣的方式来解决：把手放进这个袜子里，代表这个袜子说“不要把臭脚丫放在我里面，臭死啦，臭死啦”。一边说这样的话，一边帮他把袜子穿上。孩子可能会咯咯笑，觉得很好玩，因为孩子喜欢玩拟人化的游戏。把袜子当作一个会说话的对象，让孩子穿袜子，是一种沟通的方法。

有一个 3 岁的孩子，父母从来没有打过他，但是他经常会动手打别人，这是“小野兽们”都会有的问题。每一个小孩儿在成长的过程中，两三岁都会有个暴力期。

《如何说 孩子才会听 怎么听 孩子才肯说》一书的建议是：你的任务就是不厌其烦地重复，要跟他讲“不要打人”“我不喜欢这样”“我不会让你打我了”，必须不断地制止他。

还有人问：“女儿总是哼哼唧唧，让我很抓狂，该怎么办？”

最没用的办法就是告诉她不许哼唧，否定孩子的感受。有效的方法是分析原因，告诉她：“我听得出来，今天没给你买溜冰鞋让你很失望，我现在把它写进你的愿望清单里。”这就是去跟孩子确认情感，而不是指责。

但是，有的妈妈说：“你如果不好好说话，我完全帮不了你。”这种指责会带给孩子更大的压力，她会哼唧得更厉害，因为她不会表达。

你要通过安全鼓励，让她慢慢地表达出来。

我个人觉得最棒的是关于撒谎的问题。

一个母亲问：“我看到儿子摔碎了客厅里的花瓶，但是当我问他的时候，他矢口否认。处理他撒谎最好的办法是什么？”

有的父母说：“我最讨厌别人撒谎，你这个小骗子，我亲眼看到你打碎的。”当说这样的话时，第一是没有接受孩子的情感，第二是对造成的伤害没有帮助。

我们要知道撒谎的原理。一个孩子撒谎最重要的原因是恐惧，因此一个善于沟通的妈妈会说：“我看见你投球的时候把花瓶摔碎了。”

孩子说：“没有，不是我，我发誓不是我。”他还在撒谎。

妈妈说：“我知道你希望它没有发生，我很失望，我希望你想在客厅踢球的时候能够对自己说‘不’。现在，我们该怎么收拾这个残局呢？”

孩子说："那我去拿扫帚。"

这种说法并没有指责孩子是一个骗子，而是说出了他内心的期望，他只是期望这件事没有发生过而已。

当大人理解了孩子说谎的动机的时候，其实是可以妥善地解决这个问题的。而且，当父母表现出了宽容，并且要求孩子加入探讨中来时，孩子也会更少地出现撒谎的状况。

这本书读起来很容易，希望大家通过学习，一起成为一个善于与孩子沟通的人，家庭的氛围就是通过能力的一步一步提升在建设的。希望大家都能够拥有一个幸福的家庭，给孩子一个幸福的童年。

养育男孩：从男孩到男人的成长历程

看《养育男孩》前，我不确定养育孩子是否需要区别对待，认真读过后，发现很有必要，性别差异是真实存在的。

这本书的作者史蒂夫·比达尔夫是澳大利亚著名的家庭问题专家，他很重视激素对男孩心理状态的影响，他把男孩的成长过程分为三个阶段：0~6 岁，6~13 岁，14 岁到成年。

男孩成长的三个时期

孩子在这三个阶段的表现是完全不一样的。

比达尔夫把男孩的 0~6 岁称为“温柔岁月”。

温柔岁月里，男孩跟女孩的差别不是很大，但依然存在性别差异。比如：女孩可以更好地感受抚摸，男孩对别人碰他的脸部却并不敏感；男孩长得很快、很壮，却不愿与母亲分开，男孩的分离焦虑比女孩更加明显。

作者建议男孩 3 岁之前应该待在家里。他不建议更早把男孩送到幼儿园，孩子会认为自己被抛弃了，更容易在情感上封闭自己。男孩的看护人无论是父母、老人还是保姆，都要对孩子有爱。如果孩子在这个时候受到了呵斥，他内心的安全感就会被破坏，还会影响到他的自信。这会减少他和别人合作与交流的机会。

我在小区里看到过很多老人带孩子，两极化严重：对孩子好的时候是爱得不得了，一旦孩子不听话、调皮，爬上爬下，老人的反应会过分严厉。

从教育的角度来讲，应该让孩子开心，攀爬，贴近自然。老人的身体状况不佳，更担心孩子的安全。当孩子弄得脏兮兮时，他们就有可能严厉地责骂。被严厉责骂的深层伤害是破坏了孩子内心的安全感，他就不敢去探索这个世界了。

再次强调，一个男孩 0~6 岁的时候，最重要的就是爱和呵护。

6~13 岁，男孩开始学着做男人。

此时，爸爸是孩子的榜样和偶像。

如果爸爸在孩子的生命中缺席，就会出现特别多的问题。比如自律性差，做任何事都需要别人督促、要求，工作很被动。自律性差也容易导致成瘾性人格，表现就是爱打游戏停不下来、抽烟，甚至吸毒。

所以，这本书有这样一句很严肃的话：

> 抽空陪伴孩子。这是底线。父亲们听好了，这句话是全书中最重要的一句。

此时是爸爸在儿子心中树立英雄形象的关键时期，爸爸可以和孩子一起玩耍，玩一些只有男人才能一块儿玩的游戏和玩具。这有助于帮助孩子建立健全的对男人的认知。

如果在一个家庭里，爸爸总是不在，妈妈应该给孩子找一个男性的偶像，比如舅舅、外公、叔叔，让有导师性的男人引领孩子。否则，一个 6~13 岁的小孩儿整天都是跟女性在一起，甚至在很多学校都是女老师的数量远远多于男老师，孩子就会缺乏男性偶像。

我们送孩子去学跆拳道、武术，最大的好处，不是让他成为一个武林高手，而是让他能够多接触男性，体会力量感。

14 岁左右，男孩的睾丸激素会大幅增加，含量几乎是以前的八倍——男孩就要向男人进军了。

这时，有一件不幸的事情会发生：一个男孩在进入青春期之后，会逐渐质疑爸爸，知道爸爸也没有那么厉害，好像也会犯错，有的事做得并不对。这是一个必然的过程。

爸爸们要能够接受这件事，孩子在挑战你的地位，像一个小猴子长大了也会挑战猴王的地位，才能够成为猴王，这很正常。

解决这种冲突重要的一个做法，是向孩子展示怎样去化解冲突、怎样沟通。这时候，妈妈会起到重要的调和剂的作用，帮助孩子和父亲之间形成良好的沟通。

智力与语言发展的特性

在男孩成长的过程中，睾丸激素是一个重要角色，睾丸激素能够解释男孩子为什么好斗、喜欢打架、拉帮结派。

男孩特别需要组织，小男孩喜欢拜把子、排一百零八将、五虎将、三十六天罡、七十二地煞。虽然是不成熟的做法，但我们能看到，有了组织和排序会让男人觉得安全，这跟猴群没有多大的区别。就是一定要有严格的秩序感，当缺乏秩序感的时候，组织里就会出现混乱和打架的乱象，直到靠拳头打出新的秩序。

男孩在智力方面的发育都要比女孩晚 6~12 个月，作者建议男孩晚一年上学，比如女孩 6 岁半上学，男孩就应该 7 岁半上学。这样，男孩才不会有挫败感，才不会整天被人欺负。因为当一个男孩在班上总是有女生比他的成绩好，女生当班长管着他的时候，男孩的自信心会逐渐下降，他会对学习没兴趣。

有个在医院工作的人说，很多产妇在 8 月做剖腹产，要让孩子赶在 9 月 1 日以前出生，这样才能够保证孩子不比别人晚一年上学。但实际上，男孩如果晚一年入学可能会更好。

《异类》这本书研究了人是怎么成功的，书里讲到美国优秀的橄榄球运动员，都是某个月份附近出生的。经过大量的统计研究以后，发现不是星座的问题，而是在那个时间出生的人，上学都比别人晚一点儿。

他们在同龄人中，就比别人强，永远都有优势。这种优越让他们一步一步地被培养出来，成为职业选手。如果让孩子过早地入了学，反倒有可能让他在班上永远都比别人小一号，永远都没有别人强壮。

在大脑结构上，男孩和女孩的差别是，男孩大脑左右半球的联系少于女孩。人类大脑的两个半球各司其职，一个半球负责语言和推理，另一个半球负责运动。女孩往往整个大脑都在思考，而男孩只有一侧半球的一部分在思考。男孩生来就对语言不敏感。

爸爸在家庭中的角色

爸爸应该做的第一件事：拿出时间，陪孩子玩各种各样男人的游戏和玩具。

我经常出差，就会请教一些心理学家，不能陪着儿子应如何补救。答案是回到家的时候，多跟孩子玩男人才能玩的游戏和玩具。比如，两个人打着玩，打疼了都没关系，那是让他学习的过程。他会知道疼的感觉。在打别人的时候，也会知道尺度。双方制定规则，怎样能够不伤害对方，又玩得很开心。

男孩要是哭了，你要学会如何安慰，才能让他恢复正常，这都是通过大量的打斗学会的。

一个男孩在打斗时所学到的东西远远超过想象。

爸爸还可以带着孩子去爬山、攀岩、跳高、爬坡，从事把浑身弄得脏兮兮的活动。

我儿子小时候掉了一块糖，他捡起来就吃。他妈妈说，既然掉了，就别吃了。我儿子说："爸爸说只要没脏就可以吃。"这没什么大不了的，重要的是，孩子感受到爸爸这一角色的存在。

爸爸应该做的第二件事：跟孩子多讲自己的事。

孩子希望了解爸爸的工作。

最早的樊登读书，还没有录视频。我给大家做微信直播时，我儿子会坐在我旁边，拉着我的胳膊，听我讲课。

40 多分钟的直播，他一声不吭，认真地看着我手机上的数字。一条语音长度为 60 秒，到五十多秒的时候，他就提醒我快到时间了——他在跟我一起工作。

他觉得能够参与到爸爸的工作中，是特别有成就感的一件事。

孩子还特别想知道爸爸小时候的事。我讲自己小时候的事，他就追着问。很多父母在孩子面前特别神秘，这其实很可惜，应该把自己小时候的过往和经历经常讲给孩子们听，趁着他还愿意听的时候。

孩子 14 岁以后，他可能会说："您又跟我讲这个了，我听太多了……"但这之前，如果打下了这样的基础的话，找机会多说这样的故事，会帮他了解你。

爸爸应该做的第三件事：让他知道，男人们可以做很多事情，比如说修自行车、换灯、出去给家里买袋面粉、修汽车、给汽车做保养。你在做这些事的时候带上孩子，让孩子知道这是责任，甚至一块儿动手做一些小东西，拼乐高也是一个不错的玩法。

很多男孩子长大后，缺一点儿阳刚之气，有时候不是激素问题，而是小时候爸爸不管他，家里只有妈妈、姐姐，他根本就没有机会从男性身上学到一个男人应该怎么做。

爸爸应该做的第四件事：爸爸和妈妈的关系要亲密，孩子从爸爸这里学到怎样跟异性互动。

如果爸爸和妈妈发生了争执，两个人千万不要在孩子面前大声争执、吵架。

孩子在观察和模仿，也会学习大喊大叫、拍桌子、摔东西。

他在青春期后，会把这些东西全部模仿出来。

爸爸和妈妈的关系，是孩子非常重要的表率。

最后一件男人需要注意的事情就是如何处理自己的情绪。压力大的时候，不高兴的时候，男人的表现，都是在为孩子做表率。

做一个好爸爸其实还是挺不容易的。工作中的你更重要还是家里的你更重要？在工作中，你永远都可以被替代，只要你不做了，就会有人替代你，甚至你是老板都可以被替代，因为你的公司可以被卖掉。

工作中的你是可以替代的小花、小草，但是回到家里，你就是一棵参天大树。家里的大树只要倒了，家就倒了，你应该平衡一下。

男人要做好取舍，把更多的爱和精力给家庭。

男人也不要过于强势，强势的爸爸不具备智慧。事实上，父母的想象空间根本没有孩子大，孩子在不断地进化。孩子与父母的年龄差了几十年，已经比父母聪明很多了。而且，他接触的世界根本就不是父母所认识的那个世界。父母按照自己所认识的那个世界来要求孩子，甚至不允许孩子“跳槽”，都是把孩子往平庸的道路上推进，而且未必安全。

我曾见过一个爸爸帮孩子安排工作，面试的时候，孩子一句话都没说，他爸爸就进去替儿子面试。过了大概几年时间，孩子得了重度抑郁症，多次尝试自杀。这就是父母强迫孩子做一些事情的结果。

反过来，你如果允许孩子按照自己的行为方式生活，说不定他能够成为艺术家、旅行家、发明者，这都很好。

还有一条建议是，父母离婚，如果孩子归妈妈抚养，爸爸也不要离开孩子的生活圈。有很多爸爸认为如果自己不出现，能够让孩子快一点儿恢复正常，但父母其中一方突然消失了，给孩子造成的恐惧和不安是巨大的。

即使父母离婚了，也要告诉孩子："爸爸和妈妈虽然分开了，但是我们和你永远不会分开。我们永远都是你的爸爸妈妈，我们对你的爱从来没有减少过。"要经常去看孩子。一旦爸爸消失了，孩子会觉得爸爸不要自己了。

妈妈在家庭中的角色

妈妈在养育男孩的时候，往往表现得比爸爸无助。因为妈妈知道一个女孩是怎样成长的，对养育女孩特别有心得，女孩子穿什么衣服、怎么打扮、该怎么跟女孩说话，妈妈都清清楚楚，因为她自己就是这样长大的，但她没有见过一个男孩的成长。

妈妈可能会觉得不知道该怎样跟男孩说话，其实不要担心。

首先，妈妈扮演的角色跟爸爸本身就是不一样的，她不需要给孩子示范怎样成为一个男人。

妈妈要扮演的角色是对孩子的关爱，包括给孩子洗澡、跟孩子聊天。一个小男孩跟妈妈的关系普遍会比较亲密，这都没有问题。等孩子逐渐长大，到青春期以后，他要逐渐回归父亲的阵营。就是他的身份认同是一个男人，所以他跟妈妈会疏远。

这个过程中，妈妈不用刻意疏远，不用说："你多跟你爸接触。"妈妈照样可以参与，妈妈能够做的事是帮助孩子建立自信。

实际生活中，很多妈妈都做反了，是在打击孩子的自信，比如：“别嚣张，你成绩现在还不算好。这样下去，没人愿意嫁给你，你连工作都找不到。”

试图通过用打击孩子的方法来让孩子变得更优秀是完全错误的，应该夸孩子“真有幽默感”“不错，有责任感”“你今天这个发型不错”。

男孩子在青春期的时候，会出现很多的焦虑状况，激素分泌变化很快，脸上长青春痘。他不知道怎样跟女生交往，会有很多不自信的时候。这时候，妈妈作为一个异性来肯定他、表扬他，会给他建立起自信心。

妈妈要帮助孩子去了解女性，可以帮他分析女孩的心思，可以让孩子参与一下自己和闺密的讨论、谈话，给他一个接触女性圈子的机会，帮助他了解女性的思维方式和生活。

很多妈妈当孩子的学习压力很大的时候，会对孩子说：“你只要负责做作业，别的事你一概都不要管。”孩子连洗个碗的机会都没有。实际上，妈妈应该拿出更多的时间带着孩子一块儿做家务。当妈妈愿意跟孩子分享做家务这件事的时候，孩子跟妈妈的亲密关系会建立得更加牢固，也创造了很多交流的机会。最重要的是让孩子找到了责任感。

不要忽略做家务这件非常有乐趣的事，让孩子承担责任的时候，你需要让孩子去承担责任。爱的核心叫作“温柔但是有边界”，说话的态度很温柔，但是有些事不能做就是不能做。当孩子在青春期的时候，一定会做出很多叛逆的、错误的事，他一定要去承担后果。

还要提醒妈妈一件非常重要的事情是，避免大喊大叫。因为女性在跟孩子沟通的过程中，失控的状况比男性要多。还要避免唠唠叨叨，这也会严重地损伤孩子的自信心和安全感，会让孩子的自我评价特别低。因为妈妈一见到孩子就抓狂，孩子的自律能力会变得越来越糟糕。妈妈要学会淡定，父亲要学会热情。

一个淡定的、有爱的妈妈，加上一个热情的、开朗的父亲，这个孩子的成长就会更加健康和阳光。

《养育男孩》这本书，可能在东西方的文化上存在着一些差异，但我看到，无论是什么样的家庭，都应该给男孩做一个成人仪式。跟他讨论一次长大意味着什么，人应该怎样为自己的行为负责。父母的关爱对于孩子来讲是最重要的一件事。

这本书的作者还做了一次有意思的探讨，我们过去认为男校和女校对孩子有特别大的伤害，现代的教育都是男生和女生一起学习。但是研究发现，单纯男校中的孩子和单纯女校中的孩子，成绩提高了很多，心情也会愉快很多，因为他们减少了很多来自异性的压力。作者其实建议上单一性别的学校。

此外，关于运动的好处，书中也提到了。一个男孩如果能够多多运动，睾丸激素的分泌会更加旺盛，男孩会更加有力量和责任感。他会上进，有团队精神。但是要小心一件事，就是如果运动过量的话，会导致孩子爱打架、酗酒、粗鲁、缺乏上进心。

运动是一把双刃剑，本书建议要多运动，但是最好不要把运动作为唯一的爱好。如果只喜欢运动的话，男孩可能会变得不够成熟，他可能会出现不可预料的、粗鲁的问题。所以，运动是一个很好的辅助成长的方法。

最后，我个人补充一个观点：养育男孩也好，养育女孩也好，虽然有一些细微的差别，但是核心都是无条件的爱。你要让孩子感受到你爱他，是爱他这个人，而不是爱他的成绩，也不是爱他的某一个行为。

不管发生什么事，首先要跟孩子强调的是父母对他的爱。哪怕父母离婚了，强调的也是父母对他的爱。哪怕孩子的成绩考得不好，父母也会爱孩子。有了无条件的爱做基础，再增加更多的沟通和了解。

人和人之间是有情感账户的。如果你和你的孩子之间的情感账户里存的钱足够多，到了青春期以后，就算孩子挑战父亲的权威，父子闹了点儿小矛盾，也不用担心，那只是从情感账户里取的一点儿小钱而已，因为你们有足够多的余额。但是最可怕的是，你们的情感账户从一开始就是空的。

我想提醒所有的读者，尽量让自己往孩子的情感账户里多存上一笔丰厚的存款，使之成为支持孩子一生的财富。

养育女孩：让女孩找到一生幸福的动力

《养育女孩》的作者，也是《养育男孩》的作者史蒂夫·比达尔夫。《养育男孩》据宣传销售量达400万册，影响力很大。《养育女孩》到2018年6月已经加印了40次。养育女孩跟养育男孩是完全不同的工程，需要从头到尾重新开始学习和设计。

女孩自有养育规律

本书开篇给我们描绘了一个特别棒的愿景，就是当你能够真的好好地养育一个女孩成长的时候，作者说："你能看到你给她的童年与如今她拥有的力量和品质之间的关联，你感到骄傲，并且非常满意。当你离开，一个优秀的女人会继续生活，她还将把你教她的一切传给她的后代。"

培养出一个优秀的女儿，实际上就等于培养出了一个新的家庭，而女人对一个家甚至整个世界都特别重要。

女孩跟男孩为什么会有那么大的差别？从生理上就不一样，女孩比男孩早慧。在妈妈的子宫里时，她们的身体就开始分泌雌激素，增加了她们大脑发育的速度。我们想想看，上小学的时候，班上成绩第一、第二的有很多是女孩。女孩也比男孩早两年进入青春期，而男孩一点儿变化也没有。

作者讲了两个完全不同的故事，就是两个 17 岁的姑娘，一个叫凯西，一个叫吉纳维芙。

凯西在 14 岁的时候，有一次去参加一个舞会，喝了酒就和一个学长发生了关系。那个男孩根本不爱她，还在别人面前嘲笑她。女孩很生气，从此以后开始自暴自弃。到了 17 岁，她已经和七个男生发生过关系，而且有了酗酒的习惯，成绩一落千丈。

她的父母这才担忧，女儿怎么变成这样了？带她去接受心理咨询。这个故事让我们看到，没有教好一个女孩，再耽误下去，孩子到了社会上会出现各种各样的问题。比如婚姻出状况，永远找不到一个让她满意的男人，或者她经常会让自己的生活变得特别混乱。

第二个女孩吉纳维芙，她和一个男孩谈恋爱，男孩希望跟她能够有进一步的身体接触。她想了想，回家跟妈妈商量了这件事。她的妈妈并没有惊讶或发脾气骂她。妈妈跟她一起来分析、判断这件事情，最后决定，不能够发生关系。妈妈限制了约会见面的时间和地点，后来他们俩因此而分手了。分手之后，这个女孩确实难过。半年后，男孩找她复合，但女孩想了想，还是拒绝了他的要求。她已经告别了过去，也得到了成长。

这是两个截然不同的女孩，这里发挥作用最大的是父母。

我们要学习的是，怎样才能够把一个女孩培养得像吉纳维芙这样有独立的见解，并且愿意跟父母敞开心扉来讨论问题。而不是像凯西那样，没有父母的关爱，一切全靠自己摸索，并且觉得只有自己的身体才能够取悦异性。

女孩的成长五阶段

从理论上看，女孩的成长被分成五个阶段。

第一阶段是 0~2 岁。这时候，重要的是培养她的安全感。

第二阶段是 2~5 岁。这时候，需要培养孩子的是探索世界是不是有趣，她有没有好奇心，她对这个世界有没有探索的欲望。

第三阶段是 5~10 岁。她上小学了。要帮助她培养如何与别人交往，处理和别人交往的过程中会出现的问题，以及怎样选择朋友。

第四阶段是 10~14 岁。孩子已经长大了，需要帮助她来探索自己的内心，找到什么是她心中最想要的快乐，就是 follow your heart（跟着你的心）。但是，你的心到底是什么，很多人活到三四十岁才开始问这个问题。实际上，父母在女孩 10~14 岁的时候，就可以跟她探讨这个问题。

第五阶段是 14~18 岁。西方的家庭中，孩子 18 岁以后，基本上得自己为自己负责了。父母应该让孩子独自出去上大学的时候，能处理自己的生活。因为父母不可能天天跟在她身边，那会出很大的乱子。要让她学会对自己负责，对自己的行为、思想、过往的经历负责。

第一阶段：婴儿状态的女孩不太会自己安抚自己。

婴儿经常会有的表现是哭、叫、哼唧等，以此来寻求别人对自己的安慰。

成人有各种安慰自己的通道，可以抚摸自己，可以拍一拍、揉一揉，可以自己安慰自己，可以说话，但是婴儿不能，她只能哭、叫等。

婴儿哭的时候，一定要得到来自父母的回应，尤其是妈妈的声音。妈妈说：“宝贝怎么啦？妈妈来啦。”只要一听到这声音，婴儿的情绪就会舒缓。

这时候，她的大脑中就建立了一个压力放松的通道。压力放松的通道将会成为她这一生的财富，当她的大脑中建立了压力放松的通道，她知道有人会帮她、有人会爱她，她才能够建立安全感。所以，父母对孩子的需求一定要观察，并且给予她足够的回应。

这时候，妈妈要做的是关爱她、安抚她的情绪，女人天生就有一种让别人安静的能力。这是从原始社会留下来的。人类学研究女性，女性在原始社会主要的作用是哺乳，所以女性有一个办法：把人抱在怀里，这人马上就能安静。

妈妈在孩子婴儿期的时候，如果经常抓狂、发飙，在家里跟爸爸大喊大叫，你千万不要以为躺在旁边的孩子听不到。她会非常明确地感知到焦虑，知道妈妈现在抓狂了，妈妈现在管不了她。她会从妈妈那儿学会焦虑，她有可能会哭闹得更厉害。所以，你会发现，凡是妈妈有焦虑或是抑郁状况的，孩子的哭闹就会比较严重。

妈妈一定要平静，抚慰孩子，保持自己的情绪正常、健康，不要轻易抓狂。

妈妈躲开孩子，在室外抓狂，回到家假装没事可以吗？我不建议这样做，因为孩子的感受力可能比我们要强得多，强颜欢笑，孩子也是能够感受得到的。

狗见到一个人，它就叫，见到另外一个人，它就不叫，这是因为它能够闻出来这个人心中的恐惧，也能够闻出来另一个人根本不怕它。狗能够分辨人的气味多达两百多种，比人能够分辨的气味要多得多。

婴儿可能在这方面比动物还要灵敏，不要在孩子面前假装，你要尽量做到自己的情绪舒缓。

爸爸在这时候如果能够带着孩子疯玩，把孩子抛起来，带着孩子转圈，孩子“咯咯咯”地笑，孩子长大之后的抗压能力会更强。因为孩子很小的时候，家里个头最大的人是爸爸，孩子其实挺怕他的。孩子就会观察，这个人对我是威胁还是帮助？当她发现爸爸其实挺温和，还跟自己开玩笑和玩的时候，孩子就会一下子放松下来。

作者特别提到了“早教”，我们在生活中看到不少父母把孩子送去上早教班。父母坐到外边一个小凳子上拿着手机看，这段时间不用管孩子了，这是完全错误的方法。因为孩子这时候需要的根本不是别人，也不是那些塑料球，孩子需要的是父母陪自己玩。作者说：“我很想说，应该不惜一切代价远离任何打着‘早教’旗号的产品和场所。我没这么说，但真的很想说。”

这个阶段，孩子对别的孩子并不太感兴趣。她在 3 岁以后，才可能慢慢对别的孩子感兴趣，但是小时候，她对那些肉乎乎的婴儿没有任何兴趣。所以，不要把孩子扔给早教班，也不需要这时去学音乐、画画。父母陪着她玩是最好的。

第二阶段：2~5 岁的孩子要开始学习和探索这个世界了。

很多人给女孩买玩具，比如芭比娃娃等。其实没有必要买这类玩具，因为女孩也可以成为科学家。要让孩子自己来挑，可以买一些积木，去培养孩子的空间能力、逻辑思维能力，不要把这些扼杀了。

要减少成堆的玩具，如果一个孩子的家里堆满了芭比娃娃和各种各样的布偶，其实反倒会限制她的思维能力，会让她觉得无趣。对孩子来讲，一些小纸盒、蜡笔、颜料，不会伤害到她的一些棉花之类的东西都很不错。

在此，我想推荐一本日本的经典书《窗边的小豆豆》。主人公小豆豆黑柳彻子是一个“奇怪”的小女孩，她被原本的幼儿园拒绝，因为老师觉得她太调皮，完全搞不定。

后来，妈妈把她送到了巴学园。巴学园的校长给了孩子们充分玩的空间，允许他们的衣服不那么干净，允许他们随便玩到处捡来的东西。小豆豆在巴学园得到了深深的理解和滋养一生的快乐。

所以，我们在家庭中，给孩子一些创造性的东西，哪怕看起来乱七八糟，玩就好了，不要苛求干净、完美。

女孩不需要太美。很多妈妈自己很爱美，觉得女儿也要打扮得漂漂亮亮的，但孩子被弄得特别好看，导致的结果是孩子会束手束脚。女孩不敢搞脏、搞乱，就什么都不敢试了。这时候，她的创造力会被大幅扼杀。

如果女孩在很小的时候过度关注自己是否漂亮，她长大了以后，心理会有很多负担，会天然地认为自己是女人，就是要美一点儿。这会减少一个人的人格独立性。

穿舒服的衣服就好了，让孩子爬来爬去都没问题的，脏点儿也不要紧。她玩得很开心，甚至能够练武术的宽松的衣服，对孩子来说最合适。

2~5 岁，还要帮助女孩去建立规矩和方法，帮她建立边界。完全放纵，养出来的孩子就会根本无视别人的存在：吃饭的时候，满桌子挑自己想吃的，跟别人根本不打招呼，在任何地方大声说话，什么东西都敢拿脚踢。

当女孩开始学习和探索世界时，父母努力给她创造一些能够发挥创造力和想象力的环境。作者的建议是没必要过早地要求女孩学习小提琴，开始得过早反而损伤智力。此时，安全感和与父母在一起依然很重要。

第三阶段：5~6 岁的女孩开始对别的孩子感兴趣了。

她会觉得有几个玩伴在一起很有意思。这时，她已经上幼儿园，开始准备上小学了。

父母要不要介入她的人际交往？要视情况而定，最好是不要过早介入。要观察孩子，当她需要帮助，为此烦恼时，你可以跟她讨论，可以用情感引导的方法帮助她去了解他人的感受是什么，为什么会这样。让她去联想结果，帮助她学会一些最基本的与他人相处的方法。

作者推荐了七个工具：

1. 享受彼此的陪伴

女孩要对别人表现出友好，比如说人和人见面了，要握手；人和人告别的时候要说“再见”，放松身心，享受与朋友在一起的时光。

2. 分享

女孩有时候不能只顾自己，要懂得偶尔放弃自己的一点点需求。

3. 同理心

要让她能够感受到别人的感受。我建议，当女孩看到动画片里的人物受伤时，可以问她，这个人物现在是什么感觉，来增加她对同理心的理解。

4. 控制攻击性

我见过有的孩子，没说两句话就来上一拳。有的父母还很开心的，觉得自己的孩子没吃亏，但是你要知道，攻击性行为不加控制，长大了之后，她就会更加容易伤害到别人。

5. 学会道歉

学会真诚地对别人说“对不起”。

6. 能够觉察情感

嘟嘟小时候，有一次哭得特别伤心。我问他：“嘟嘟，你为什么这么难过？”

他说：“我不告诉你。”

我说：“你为什么不告诉我？”

他说：“我不能说。”

我说：“爸爸并没有生气，你跟爸爸说说，你到底为什么哭得这么难过？”

他说：“我如果说出来，我觉得你肯定就要气死了。”

我就猜，我说：“你是不是觉得爸爸不爱你了？”

他“哇”的一下就哭了，他说：“对。”这就叫作“理解了对方的情绪”。

我说：“你能说‘我如果说出来，我觉得你肯定就要气死了’，就证明你知道爸爸是爱你的。”我跟他开始讨论这个问题，他慢慢地就平复了情绪。

想要孩子能够感受别人情绪，首先是父母学会理解他人的情绪，这是一个非常重要的社交方法。

如果一个人在跟同事相处的时候，能够学会说“我知道这件事让你很难过（让你很难堪 / 让你很难做）”，这种话只要一说出来，其实很少有解决不了的问题。

7. 要让孩子知道，什么时候可以信任别人，什么时候不能

比如说，有个男孩老欺负女孩。这时候，你可以问她：“你真的喜欢跟他

在一起做朋友吗？如果他真的让你很不愉快的话，你可以选择不跟他做朋友，只跟他做同学。”

让孩子知道，人生是可以有取舍的。

当 5~10 岁的女孩掌握了以上的工具时，她的社交能力就会提高。

此时，妈妈是非常重要的榜样。

妈妈对女孩的影响，跟对男孩的影响完全不一样。如果一个男孩表现不好，妈妈控制他、威胁他、说些伤人心的话，男孩可能就关闭了和妈妈的通道。很多男孩对妈妈的表现是忽略，就是妈妈说什么，自己假装没听见。这是男孩自我保护的表现，他能够把自己保护起来，不再被烦。

但是女孩不一样，女孩遇到控制性很强的妈妈，就会变得更加讨好妈妈，会尽量去满足妈妈的要求。反过来，妈妈对女孩的控制会更严重，女孩因而会更内疚。

结果就是要么女孩变得整天去讨好别人，要么会讽刺、挖苦和要求别人。

所以，妈妈一定要能够在孩子 5~10 岁的时候，自己表现出善于用这七个工具来解决各种各样的问题。

第四阶段：10~14 岁的女孩已经长很高了。

有的家长觉得女儿已经长大了、懂事了，终于可以放手了。

这个时候千万不能放手！女孩 10~14 岁的时候，更需要你对她的关心，她看起来长大了，但她的内心还是一个孩子。这时候，你需要帮助她发现她自己的内心，你需要帮助她清楚什么才是生活中最重要的东西。

真正的教育不是装满一桶水，而是点燃一把火。

装满一桶水是告诉孩子，你应该这样，你要做那个。结果就是孩子变成你所设定的那桶水，晃一晃就洒出来了。

点燃一把火是让孩子燃烧起来。有一个会员曾咨询我，孩子在高中阶段，学习成绩还不错，只是没有达到妈妈的要求，妈妈不知道如何让孩子学得更好。

我就给她一个建议，我说帮孩子树立理想。孩子在上高中时，糟糕的教育方式是只要高考成绩好，别的事都不重要。点燃她心中的那把火是要让孩子知道，她无所不能，她想做什么事，就一定能够做到，爸爸妈妈会帮助孩子一起努力。

彼得·本森博士是研究青春期的世界顶尖专家之一，他把火花分成三类:

第一是天赋。

帮孩子把天赋发掘出来，告诉她，在哪一个点上，她真的好厉害，跟别人不一样，可以努力发展。

第二是性格特征。

即便孩子没有过人的天赋，她的性格也是跟别人不同的，比如特别体贴别人也是非常重要的。

第三个是承担某项任务。

在我看来，责任感对一个孩子的成长至关重要。孩子很小时，就决定要去关心地球，想为未来的世界做一些规划，这就是责任。

有的名校在录取学生的时候，要求学生提交社会实践报告，证明学校在乎学生做了哪些社会的工作，他们喜欢对社会有责任感的孩子。

嘟嘟心中，想要探索更远的星空。能不能实现没关系，我的任务是帮他点燃这个梦想。

家长要帮助孩子发现他内心的感受。有一个词叫“良知”，良知是什么？良知是你心中其实知道自己做得对还是不对。

强盗和小偷看起来无恶不作，但是强盗被当面叫成“强盗”，他会恼羞成怒。这说明一个人心中其实有一个声音在，那就是人性中的善良天使。

10~14 岁的时候，要开始跟孩子对话。比如说，孩子看了文学作品，你和孩子讨论人物的性格、想法，换作是他会怎么做，内心会怎样想。要真的让孩子感受自己的内心。当一个人学会跟自己的内心对话时，他才真的找到了自我。

还可以跟孩子讨论一些哲学问题，让孩子感受自己内心是否快乐。很多家长喜欢让孩子变得跟别人差不多，其实你要问问孩子，他内心想要的东西到底是什么。

成为一个内心丰富的人才是最重要的。要给女孩找一个她内心的榜样，最好妈妈是榜样。如果妈妈做不到的话，也不要难过，在周围的人群中找，比如说姑妈、阿姨、父母的同事，也可以成为孩子心中的榜样。这个榜样要能很好地处理情绪问题，平静地面对生活中的波澜；要对世界有正确的价值观，提出有益的建议；要视野很宽阔，可以看到外部的世界。

成绩的事只是小菜一碟，因为我们的大脑解决的那些问题都不是多么重要的问题。当一个人树立自信，知道学习的目的到底是什么时，将来可以看到什么更加重要。

要让孩子感受到，生活根本不是局限在校园里，这只是一个阶段，未来的世界很广阔。那时，孩子的学习状态就起变化了。

我见过很多孩子如此。有一个女孩考上了哈佛大学，深受我的一个朋友的影响。这位朋友是非常有学问的教授，他是怎样影响这个邻居的女孩考上哈佛大学的呢？

女孩的家人知道隔壁住了一位教育学的教授，于是经常约教授一块儿出去喝英式下午茶。喝英式下午茶的时候，教授会跟女孩聊下午茶的来历，讲英式下午茶如何起源，英式红茶和美国的独立战争是什么关系，美国人怎么看待茶……

他没有说“孩子，你一定要上哈佛”，他只是说外面的世界是什么样子。他说哈佛大学旁边有一个茶馆，真的非常棒，自己特别喜欢在那儿喝茶。

女孩对这些充满了兴趣。根本不需要管太多的学习细节，她开始努力去达到哈佛大学的要求，写论文、参加社会活动、想为社会负责、组织各种活动，后来考上了哈佛。

就连我和这位朋友聊天，也总有好好学习的冲动。他描述的是整个世界，你会觉得你哪儿都能去，每个地方都有特别美好的东西在等你。

第五阶段：14~18 岁的女孩子。此时，女孩的身材已经开始像一个成人了，身边有一群闺密，整天一起出去玩。

这时，爸爸妈妈可以放手吗？

恐怕不行！

让孩子过早地介入成人的世界，是一件风险很大的事。

千万不能放手，家长需要跟孩子订立规矩。这本书的作者认为“十几岁的女孩还正在构建她大脑前额皮质的控制中心，那里就像一个尚未完工的指挥总部”。她还是一个孩子，她需要的依然是父母，所以这时候父母向她订立规矩，反倒能够帮到她。比如，晚上几点前一定要回家，什么样的派对是不能够去参加的，穿衣服要注意什么样的尺度。

要让孩子知道，她要为自己的成长负责了。让她知道，她的所作所为会影响到她的生活。

书中有一个极端的案例，14 岁的玛瑞拉放学回家，在绿灯亮的时候走在人行横道上。结果，一辆大型汽车冲了过来，造成了惨剧。

女孩接受了很多次手术，她也患上了创伤后应激障碍。她无法靠近有车辆行驶的公路。我遇到过车祸，所以完全能够理解。我在经历过车祸之后，坐在车上都害怕。只要一坐在车上，车速只有 80 迈，我都觉得好快好快，受不了。

女孩的父母帮她找了一位很好的心理咨询师。她们之间建立了牢固的关系。

有一天，这位咨询师和她聊到了车祸。

咨询师问玛瑞拉：“在这场车祸中，你会埋怨谁？”

玛瑞拉满眼是泪，她当然会责怪司机。

咨询师深吸了一口气，又问她：“你觉得你该承担一点儿责任吗？”

玛瑞拉的心在激荡。

随着咨询的深入，玛瑞拉终于与咨询师的目光交会在一起了。

之后的几个星期，玛瑞拉开始对这次人生事故换了一种思考方式。

她从“我没有责任”到意识到，不是每一个司机都头脑清醒，她应该先观察四周。

认识到这一点后，她不再恐惧，她开始靠近公路，不再低着头，而是睁大眼睛，观察周围的一切。

虽然这个经验非常惨痛，但这就叫“成长”。

14 岁的时候，孩子会面临特别多的挫折，家长要陪她一步一步成长起来。对女孩尤其要时刻呵护，时刻管理，时刻监督，时刻给她做榜样。

独特的五大危险区

女孩的成长过程中，有格外要躲开的五大危险区。

1. 不要过早地性感

不要让孩子十五六岁就开始学习打扮，涂脂抹粉，穿过于体现身材的衣服。

这时候，女孩子的价值观被引向了何处？孩子会觉得，对于一个女人来讲，最重要的是容貌。现在，越来越多的孩子拿了大量的钱去做整形、做微整。当然不是说不可以做微整，你可以让自己变得美一点儿，但这绝对不是一个女人最重要的东西。当一个人认为自己最重要的是相貌时，她这辈子都会是乞讨的状态，她会永远依赖别人。

不让孩子过早性感，妈妈就不要在孩子面前表现得那么在意外貌。当一个妈妈过分地在意外貌时，女儿自然就会认为外貌很重要。

孩子交友的时候，要能够去跟一些朴素的女孩在一起，而不是互相攀比谁用了什么样的唇膏，谁穿了什么品牌的高跟鞋。

2. 阻止坏女孩

校园凌虐事件中，女孩子的比例特别高。很多成年人不能理解，女孩怎么会这样？其实，有的孩子虽然家境很好，但心灵是有缺陷的，很多家长不学怎样去管理孩子、教育孩子，而是用了错误的方法，导致孩子特别暴力。

曾经有人向我咨询过如何应对霸凌。反击肯定不是一个好方法，因为她既然能打你，那她肯定比你强大。如果是好几个人，你打她们，肯定会吃亏。默不作声也不行，默不作声会被打得更厉害，对方就会长期欺负你。这会给孩子造成心理上的伤害和阴影。

应该像岩石一样坚定，要大声地说："我很生气！"并且用坚定的目光瞪着欺负你的人，跟她对抗，必要的还手是可以的。但是，不建议报复性打架，因为那会让这件事情变得更加严重。你可以警告她，表明自己会寻找家长和老师的帮助，并不会沉默不语。而且，在别人被欺负的时候，你也可以勇敢地站出来，反对霸凌。

必要的时候，家长可以参与。我的一位心理学家朋友讲过她儿子小时候被人揍，经常回来都是鼻青脸肿的。他爸爸教儿子练拳击也没用，跟老师谈了很多次，也没招。最后，她的爱人到学校去把欺负人的孩子拦住了，说："如果你再敢揍我儿子，我就揍死你。"从此以后，那个小孩儿再也没有揍过她儿子。

她说这件事的时候，并没有把处理方式上升到理论高度，因为这未必能够复制，但基本态度是：父母一定要起到保护孩子的作用，起码不要让孩子在学校里受到别人的欺凌。实在不得已，可以让孩子转学。

3. 让减肥滚蛋

社会上有很多人歧视胖人，一个孩子胖还是瘦，跟他的人格没有任何关系，而且让一个人很小的时候就开始节食减肥，他反而会越来越胖。

《养育女孩》中有这样的建议：不要把食物分成"好食物"和"坏食

物”，把它们叫作“日常食物”和“偶尔食物”。而“垃圾食物”的说法会让人产生罪恶感，只会让人的情况变得更加糟糕，而人心情不好又会暴饮暴食。

4. 远离酒精和毒品。

很多孩子被管得比较严，孩子很少喝酒。我们一定要让孩子知道，酒精和毒品是坚决不能碰的。

5. 撕开网络的面纱。

不是简单地告诉孩子别上网，因为不上网做不到，但是网上又存在大量的不良信息。

曾经有一个测试，电视节目的制作者冒充网友，约女孩出来见面，那其实很危险。但他的行为奏效了，女孩们在不知道对面的人是谁的情况下，就在夜里出来跟这个陌生人见面了。

剧组带着家长看片子。

父母们完全愤怒了，女孩们看到自己的父母时，被父母的怒气吓坏了。当然，我也不建议这样做，这样做肯定会伤害到孩子。

但这说明孩子的抵抗力真的是太弱了，孩子太容易被网上的花言巧语诱骗了。所以，这时候你可以让孩子上网，但你一定要告诉他，网上的危险在哪儿。要让女孩知道网上骗人的案例，要和她一起筑起一道坝。这个坝不是靠软件来筑起的，而是靠你跟孩子的沟通和交流，孩子信任你，才能筑得起来。

以上是很危险的大陷阱，我们要想办法绕开。

女孩与父母的关系

女儿和父母的关系里，女儿和妈妈的关系无疑是最重要的。女儿可能会不喜欢妈妈，但是女儿绝对不会说妈妈不重要。就算女儿说“我妈妈从来不管我”，说这句话的时候，妈妈对她来讲依然是重要的。

如果一个女孩长到 18 岁，还没有回归到妈妈的阵营的话，而是整天跟爸爸特别亲密，有话跟爸爸去说，不跟妈妈说；或者一个男孩到了 18 岁以后，还没有回归到爸爸的阵营，这个男孩还是天天黏着妈妈，而不去跟爸爸在一起运动或者聊天，这都要引起充分的重视。

妈妈在女孩的成长过程中，永远是最重要的，这一点毋庸置疑。

妈妈一定要在女儿的成长过程中扮演一个非常重要的角色，妈妈要给予女儿足够的爱，并起到楷模的作用。

不要在女儿长大了以后，把女儿当成朋友看待。妈妈把女儿当成朋友看待，去跟女儿倾诉自己的情感问题，就不是好的妈妈的做法。妈妈应该努力做女儿的导师、顾问、关心者、呵护者、好榜样，女儿有任何问题，可以向妈妈请教。女儿有任何私房话，可以跟妈妈谈，最终她才有可能向妈妈学习很多优秀的品质。

爸爸在和孩子“打架”的时候，如果是跟儿子打架，可以多打几下，跟女儿打架，就要假装被她打倒。这时候，女儿感觉到爸爸好爱她，爸爸在保护她，这是家中最大的保护伞。

爸爸要提供的和妈妈提供的是不一样的，女孩的私房话可以留给妈妈去讲。但是，爸爸要给予女儿足够的安全感和关爱。当然，爸爸还要有一些权威，就是约束女孩得按时到家，给她树立边界。比达尔夫有这样一句话：“妈妈像岩石一样给女儿稳定和坚实的支持，而爸爸像直升机一样将女儿带到新的高度。”

最后，回到开篇我们提到的凯西的故事。

凯西的爸爸经常出差，但他爱女儿，所以他开始重视和回归家庭，他约女儿一起去旅行。

第一个晚上，凯西还是爆发了——她一直指责爸爸的缺席。这位父亲原本想为自己辩护和找理由，但是他还是控制住了。女儿看着爸爸的脸，他的脸上一半是悔恨，一半是为她的勇气而骄傲的表情。他脸上的表情比任何语言都有力。

就这样，凯西在父母的爱中慢慢回归了。

我们其实可以看到，女孩子其实比男生容易改变，她需要的只是一点点爱、关心和沟通。

愿天下所有女儿的爸爸妈妈一定要珍惜自己的女儿，培养出与你亲密的好姑娘。

参考文献

[1] 蒙台梭利 . 童年的秘密 [M]. 单中惠，译 . 北京：中国长安出版社，2010.

[2] 兰妮 . 内向孩子的潜在优势 [M]. 赵曦，刘洋，译 . 上海：上海社会科学院出版社，2017.

[3] 麦克布莱德 . 母爱的羁绊 [M]. 于玲娜，译 . 北京：机械工业出版社，2015.

[4] 伯恩斯坦 . 叛逆不是孩子的错：不打、不骂、不动气的温暖教养术（原书第 2 版）[M]. 陶志琼，译 . 北京：机械工业出版社，2017.

[5] 尹建莉 . 好妈妈胜过好老师：一个教育专家 16 年的教子手记：纪念版 [M]. 北京：作家出版社，2014.

[6] 罗宾森 . 忙碌爸爸也能做好爸爸 [M]. 徐立，译 . 南京：江苏教育出版社，2009.

[7] 琼斯基 . 让孩子远离焦虑：帮助孩子摆脱不安、害怕与恐惧的心理课 [M]. 吴宛蒙，译 . 杭州：浙江人民出版社，2014.

[8] 李跃儿 . 关键期关键帮助 [M]. 北京：国际文化出版公司，2014.

[9] 阿克夫，格林伯格 . 翻转式学习：21 世纪学习的革命 [M]. 杨彩霞，

译 . 北京：中国人民大学出版社，2014.

[10] 费勒 . 爸爸军团 [M]. 裴云，陈楠，译 . 北京：北京联合出版公司，2017.

[11] 尼尔森 . 正面管教 [M]. 玉冰，译 . 北京：北京联合出版公司，2016.

[12] 舒尔，迪吉若尼莫 . 如何培养孩子的社会能力 [M]. 张雪兰，译 . 北京：北京联合出版公司，2018.

[13] 布雷恩 . 你就是孩子最好的玩具 [M]. 夏欣茁，译 . 海口：南方出版社，2011.

[14] 雷纳 . 不吼不叫：如何平静地让孩子与父母合作 [M]. 钟煜，译 . 上海：上海社会科学院出版社，2015.

[15] 法伯，玛兹丽施 . 如何说 孩子才会听 怎么听 孩子才肯说：精华版 [M]. 安燕玲，译 . 北京：中央编译出版社，2014.

[16] 比达尔夫 . 养育男孩（典藏版）[M]. 丰俊功，宋修华，译 . 北京：中信出版社，2014.

[17] 比达尔夫 . 养育女孩 [M]. 钟煜，译 . 北京：中信出版社，2014.